押田成人著作選集 3

いのちの流れのひびきあい

地下流の霊性

日本キリスト教団出版局

『漁師の告白』(押田神父が訳した「ヨハネ福音書」)に箱書きをする

日本山妙法寺の
「平和と生命の諸宗教合同巡礼(アウシュビッツ―ヒロシマ)」
に参加して

帰天の数日前に（2003年11月）

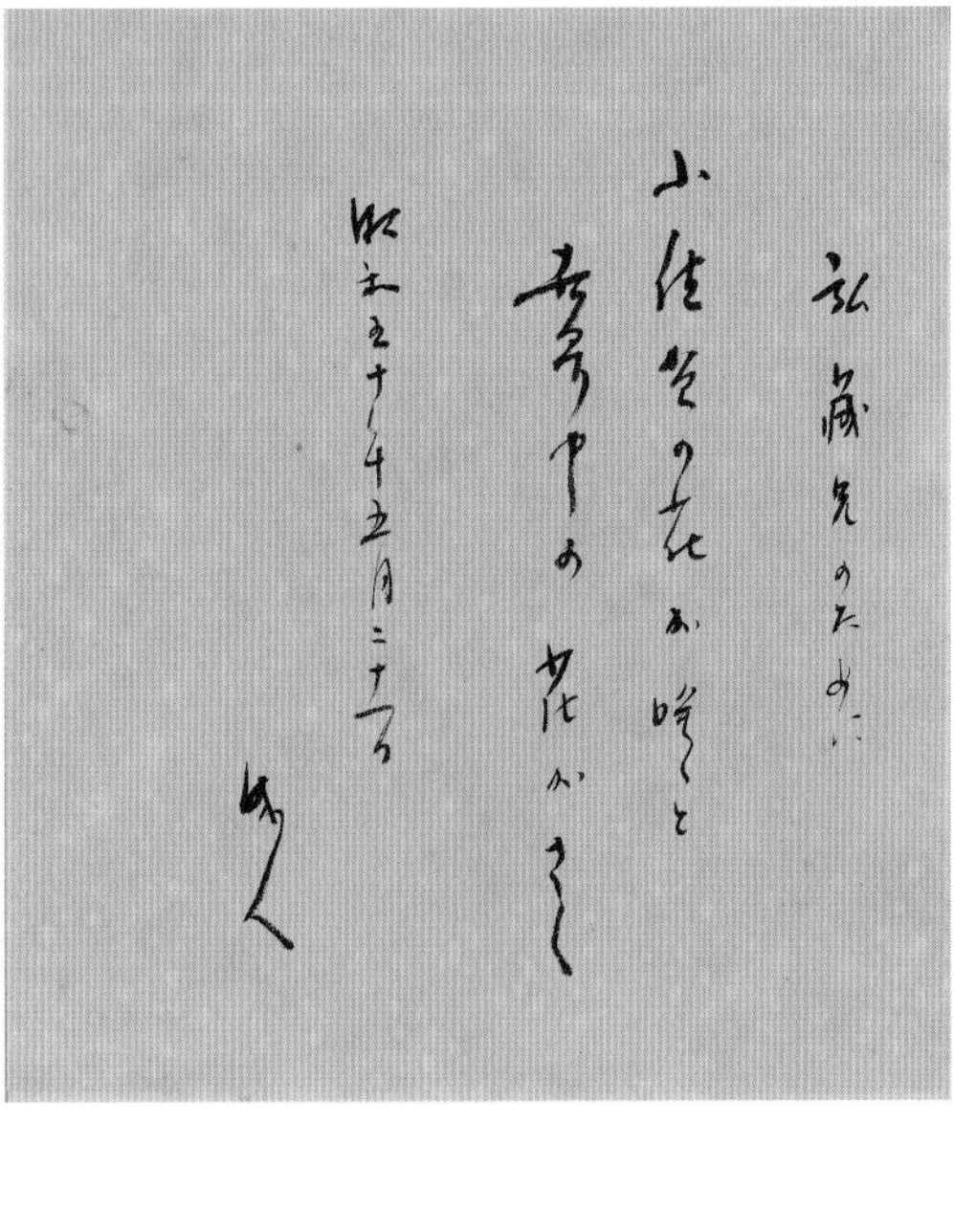

長崎・小値賀島の横山弘蔵氏に
あてた色紙
「小値賀の花が咲くと
世界中の花がさく

昭和五十年五月二十一日
成人」

押田成人著作選集3『いのちの流れのひびきあい——地下流の霊性』

※本巻に収録された文章の中には、現在の観点からは差別的と受け取られかねない語句や表現がある。しかし著者の意図はそうした差別を助長するものではなく、文章自体の価値、著者が故人であるといった事情を考慮し、ほぼ底本どおり表記した。

編者・宮本久雄、石井智恵美

※頁末の注、および〔 〕は、編集の段階で付した。なお、文中内の（ ）は原文によるもの、各章の巻頭に掲載されている《いざない》は編者によるものである。

日本キリスト教団出版局

刊行によせて

人はなぜ、自分には計り知れない苦しみや病にであうのでしょう。あるいは、人はなぜ自らの深くに痛みを覚え、根源的なよりどころや霊的なものを求めるのでしょう。

こうした問いに、今回の著作選集の著者である押田成人《しげと》は応えてくれることでしょう。押田師は、二〇〜二一世紀に生きた、霊的な賜物をゆだねられた稀有な人、預言者的な人でした。カトリックのドミニコ修道会に属する司祭でありながらも、いわゆる修道院での修道生活を過ごしたわけではありません。八ヶ岳山麓に「高森草庵」という円《まど》いをひらき、祈りと思索のうちに「無行の行者」として生きました。また、農耕生活を営むかたわら、国内外の人々や精神指導者と対話して協働し、名もない人の塗炭《とたん》の叫びを代弁し、世界各国で霊的指導を行った人でした。師から放たれる静謐にして美しいことばは、ときに水面《みなも》に映る光のように輝き、あるときは現代文明に潜む「魔」を焼き尽くすような烈しいものともなります。さらにそのことばは、それを受け取る人の深くにあるものを照らし出し、彼方からのまなざしで物事をながめることを促します。

押田師の姿や思索、霊性をたどるものとなるよう編まれるこの著作選集では、師が生きた歩みにそって一つひとつの文章が並べられています。

1巻『深みとのめぐりあい——高森草庵の誕生』では、師の修道司祭としての召命を決定的にした出来事に始まり、高森草庵での生活、草庵近くにあるいのちの泉「小泉」の水を巡る問題、まことをあらわす言葉である「コトことば」について描かれます。2巻『世界の神秘伝承との交わり——九月会議』では、押田師が世界の精神指導者や宗教的伝承に出会っていく様、その一つの実りとして一九八一年九月に高森草庵にて開かれた「九月会議」の記録、現代の「受難」や「虚構」に警鐘を鳴らすことばが鋭い響きを残します。3巻『いのちの流れのひびきあい――地下流の霊性』では、「ひと」や「こと（まこと）」の本質がたどられるとともに、押田師の歩みの結実とも言える「地下流の霊性」――師自身が自分の思索や思想をそのように名づけたことはありませんが――が立ち現れます。押田師による聖書の私訳やミサ説教も収められています。

これら三巻に収録されるのは、すでに刊行されている押田師の著作物からの文章が中心となりますが、それに加え、その思想や霊性を全体のながめから受け取ることができるよう、師の未発表原稿、師を知る人によるエッセイ、師の姿や高森草庵の生活を示す貴重な写真なども収められることとなりました。

魂の飢え渇きが叫ばれ、人間の絆が引き裂かれる危機的現代にあって、人間存在の根源や霊性のよりどころを示すことは緊急の課題であると言えましょう。押田師のことばは、現代に渦巻く環境破壊、核問題、宗教対立といった課題の根にあるものを気づかせ、それらへの根源的な解決への手がかりを示すとともに、キリスト教やその枠を超えた霊性の流れをも私たちに伝えてくれることでしょう。

押田師が私たちにのこし、いまなお燃え続けている「まことの火」。この選集に息吹くことばに触れられるみなさまが「深み」とひびきあわれ、その内なる泉に生けるいのちの水があふれますことを切に願い祈ります。

「思わなくにめぐりあいつつ　渓流のごと流れゆくべし」

二〇二〇年　大寒　雪裏《せつり》の梅花《ばいか》只一枝《ただいっし》

編者　宮本久雄、石井智恵美

目　次

装画・装幀　熊谷博人

七　火《ひ》止《と》とコト

《いざない》

押田師は「ひと」を「火止《ひと》」と表します。そこには、ひとは「魔の手を浄める火」であるとの意味が込められていましょう。さらに聖書のながめからすれば、「ひと」が「火止」であることは、イエス復活後に生じた「聖霊降臨」において火（霊気）が一人ひとりの頭上に止まった機に明らかになったのでした。「私は私であると共に、あなたである」との深みに生きている「火止」からは、「私とあなた」を分け隔てる境界が取り去られます。そうした次元において、押田師は木版画家ドミヤンや多くの人と出会いました。本章の結びに置かれている浄めの詩「ヒロシマというとき」は、私たちを火止のまどいへと誘《いざな》っています。そしてそれらのことばは、霊的深みを忘れて文明の支配者として君臨し、戦争や放射能禍などによって絆を引き裂いている人間の姿を照らし出しているのです。

（宮本久雄）

「ひと」の内なる火

いのちの火へのよろこび

一昨年の冬だったでしょうか、日蓮派の方々から、いっしょに断食をしませんか、と招待されたことがありました。寒い冬の一月か二月でした。

ちょうどその時、私は風邪をこじらせて、肺炎になる一歩手前。医者をやっている私の兄が絶対に行っちゃいかん、と私を引き止めるような状態でした。でも、藤井日達《にったつ》*さんとぜひ断食をやってみたいと思いまして、それで出かけて行ったのです。

朝は四時半から起きて、夜の七時半ごろまでお題目を唱えるのです。日蓮派ですから南無妙法蓮華経、南無妙法蓮華経……と唱えるわけです。

私は肺炎にかかっていて胸を悪くしていましたけれど、「やるからにはやるんだ」と思っていますでしょう。周りのみんなは一斉に大きな声で「南無妙法蓮華経」ってやっていますし、こちらだって「南無妙法蓮華経」と大声で唱えたわけです。

最初の日は咳がゴホゴホ出ました。体を暖めるようなものは何もないですし、食べ物で体を暖めることはできませんからね。それでも断食して朝四時半から「南無妙法蓮華経……」とやっていたのです。不思議な

＊一八八五―一九八五年。日本山妙法寺の創立者。原水爆禁止などを訴え、「世界宗教者平和会議」や「世界平和会議」の開催に尽力した。

ものですね。どういうことが起こったかというと、三日目に完全に治って帰ってきたのです。肺炎の何のあとかたもなく、元気になって帰ってきました。

　こういう体験を考えてみますと、私たちが物質的に計る身体の状態というものと、医学などでは計りえないような何か内的可能性を持った実際の生きた体というものとは、かなりギャップがあるのではないでしょうか。熱という、体を暖める火ということをどう捉えるかということについても、ずいぶん幅がある。少なくとも言えることは、人間の体というのは、医者とか現代文明が考えるような基準では考えられないところがある、ということですね。この場合は宗教的というよりも、からだ自身が持っている、いわゆるいのちが持っている、いのちの内容としての火ですね。そういう火をもう少し考えてもいいのではないでしょうか。

　だから、たとえ暖を取る火がなくても人々が寄り集まり、いのちの火で暖まり、それを喜びとするようなところには、とても良いものが生まれてくるのではないですか。ただ、火のないことを消極的に考えてつらいつらいと思っている時は別ですが、積極的になると、そういう時にこそ火の喜びが呼び出されてくるようで、何か人間の心のあり方にあるんじゃないかと思います。

　私は、ここ八ヶ岳のふもとに今から二十一年前、ただ一人でやって来ました。既存の体制とか、そういうものすべてから離れて、神様の前に自分だけになってみたかった。自分が自分でありながら、信仰の道、キリスト様の信仰の道というものを歩いてみたかったわけです。

　そのころのこと、ここにある観音堂には、火の気はもちろんないのですけれど、それに加えて崖の下だから寒さが異様なんです。十一月に入ってから、夜寝る時は、シャツもジャケットもみんな着て、蒲団に入ってウワーッと運動するのだけれど、絶対、暖まらないんだな。

　仕方がない。そこでこの小屋をここに建てたわけです。その時の最初の冬というのは、火の気も何もない。

零下二十度くらいになると、何か手紙を書きたいと思って、そのころはペンを使っていましたから、ペンをインクにつけると、もうシャーベットなんですね。スルスルすべって全然字にならないんです。

何の因果で俺はこんな生活をするんだろうと思ったけれど、そういう時に、ちょっとでも消極的になってはだめですね。こうしていては寒くていかん、と思ったときには、走るとか、仕事を始めるとか、木を切るとか、積極的に体を動かさないとやっぱりだめですね。

今の文明の間違いの根本というのは、人間の心のあり方を徹底的に甘やかすことを基本価値にしているということ。それが問題でしょうね。そういう基本価値によって火を扱うところに問題が出てくるのではないでしょうか。火というものを、ただ機能的に考えて、物質的に体を暖めるものと考えますからね。だから、火というものの考え方にしても、本来の常識をはずれたような点が出てきてしまうのでしょうね。

お寺さんで、よく、風と火と水と土と空を象徴した五輪塔が立っていますね。その塔の上から三番目が火ですね。

火というのは、宗教というような言葉が生まれる以前から、神秘との対話の「縁《よすが》」だったのではないでしょうか。

それは、火でも風でも水でも土でもそうだと思います。

昔の人にとっては、火というのは神秘である。その火の神秘において、その神秘と対話するということが常識だったのでしょうね。ところが、現代はそういう次元を全部捨てちゃったんですね。ただ人間の意識と体と快楽というところで火を捉えているのですから。

火は徹底した「浄《きよめ》」である

火を神秘と見る、という見方は、何も仏教だけではない。日本にもありますね。私の母が生まれた富士吉田では、八月の末に「火祭り」があります。日本にも火というものに対する信心はあったと思います。

私がここに来た当時、観音堂の炉で、いつも火をたいておじやを作って食べていたのですが、その時、火をじっと見ている時に、哲学の一番楽しい根源的なところはここなのだなということを、なるほどなって、しみじみ感じましたね。暖める火とか、そういうだけじゃない。火、全部が持っている神秘性の中で、一番深い洞察に誘われるのです。宗教伝承の中に出てくる火というのは、あくまでもこういう次元だと思いますね。

ギリシャにおいて、ソクラテス、プラトン、アリストテレスといった人達が出る前の自然哲学者達。この人達はまだ、火の深い神秘性を受けとる感覚が残っていました。だから、宇宙の本体は火である、と言ってみたり、水であると言ったりして議論するわけなんですけれど、彼らは自分が実際に見ているもので語っています。理念ことばや説明の言葉で理屈を言っていない。自身が実際に眺めているところで語っています。

中国で拝火教と呼ばれているゾロアスター教では、神秘性の主な表現として火がありますが、これは、ユダヤ、キリスト教にもあてはまります。こういう人類の宗教伝承というか神秘伝承のなかで、例外はひとつもないですね。火は、いつも中心的なものです。

ユダヤの民の話ですが、たとえば、ホレブ山というところで、モーゼが神と対話する場面があります。神秘的対話に入るところです。最初、燃えつきない火というものにモーゼは呼ばれます。神の現存というものとの交流に入る時に、いつも火が出てくるわけです。

たとえばイザヤという預言者がいますが、彼は神の言葉を何か語る前に、燃えさかる炭を口に入れられるのです。あるいは、エリヤが天に帰る時には、火の車で帰るんですね。火というものが、人間の側から神の現存に入るとき、神と人との間の必然的に通らねばならない浄《きよめ》の現実の、そういうものの象徴として火が出てきます。

また、洗者ヨハネという人の言葉に、「私は水で浄〔洗礼〕を行なう。私のあとにくる方」つまりキリストのことを言っているのですが、「私のあとにくる方は神の息吹と火で汝らを洗う方だ」という預言があるんです。

つまり、火による浄というのは、最後的、徹底的なものというビジョンがあるのではないでしょうか。火というものを見ていると、非常に、なるほどという気がしますね。本体まで全部変えてしまう、そういう浄のことです。

聖書の中に「幸いなるかな、心の貧しきもの」という言葉があるのですが、この言葉のもとになっている原語を直訳しますと、「霊において魂の底がくだかれている人」となります。魂の底までくだかれた人が幸いである、天国は彼らのものだ、ということです。そこまでくだく浄というのは、やはり火の浄ですね。火というものには、そういうビジョンがあると思います。

人間が浄を受けるときに、火ということが必ず言われるのですけれど、これがおもしろいことに何か神の御旨にかなった生贄《いけにえ》を捧げるときに、神の方から火が来るという事件というか、伝承があるのです。火は、神と人間の間をとりなす神の手と共にあらわれる現実を表わしている。そういうものとして、人間はいつも火を見ていたのではないでしょうか。

キリスト教に火の神秘性は欠かせない

ユダヤ教の中に「全焼の生贄」ということが言われています。生贄を神に捧げて、全部、燃やしてしまう。そして煙が天に昇ってゆく。これはやはり、自分達の祈りとか、あこがれとかいうことを表わしているのでしょうね。

ところが、理屈っぽい世界では、火の伝承というものが、だんだんなくなっていくのです。宗教伝承の中でも、つまりキリスト教伝承の中でもなくなっていくのです。従って旧約聖書の読み方もずい分変わってきてしまったわけです。

エルサレムへ行った時に、偉い宗教師さんたちが集まりまして、私がちょっと聖書講義をやったことがあります。創世記を講義したのですが、その創世記の一番最初に「神、光あれとのたまえば光ありき」と出てきます。まだ宇宙の上を神の霊が飛んでいたという、第一日目のことなんですね。そして、四日目に「神は二つの大きな光る物（太陽と月）とをつくり給い」と出てくるんです。

それで、僕が「おかしいじゃないですか。太陽が四日目で、最初の日に光をつくったということはどういうことなのでしょうか」とみんなに質問したんです。こう聞いたら、ある人が「聖書は論理的じゃないんです」というんですよ。そんなことはない。論理を超えてるけど、ちゃんと論理はありますよね。

現代の人は、気が付かないけど、光というと太陽と電気のことを考えています。昼は太陽、夜は電気。こう思っています。でも昔は電気なんかない。

昔、夜に光というと、たいまつのことです。あるいはろうそくか油が燃える火なのです。そして太陽も火なのです。そこでは光と火というのは全然区別できないのです。本来、火というものと光というものは、離せないですね。

けれども、キリスト教の中で、光は光、火は火になってしまって、光の方はろうそくという形でお聖堂の中に置くわけ。ところがこの同じ火に、生贄を燃やすという神秘性の象徴がなくなってしまった。捧げものは捧げもの。そして一方では光があって字が読めればいい。生贄を燃やす火としての神秘性はなくなってしまったんです。これは、現代的合理主義的ビジョンを捨てなければ、火と光から同じ神秘性は出てこないのです。

キリスト教伝承の中には火があるんです。火があって、はじめて神の風がある。創世記第一日目というのは、要するに火と神の息吹のことなのです。

キリストの火に自分が燃やされる

ここで行なわれるミサでは、必ず火を燃やすのです。ここは小さなお聖堂ですから、小さい薪を作っておいて、茶の湯でいわれる風炉《ふろ》で燃やすのです。これは、ミサの中心的な意味をなします。

キリストは、これからみんなの罪のかわりに犠牲になって生贄として十字架にかかると言いました。生贄というのは、要するに神の愛、まごころによる出来事なのですが、そういう中で、パンを取り、これを食べろ、これは私の体である、と言います。盃を取って、これは私の血なのだ、この血を飲みなさい、と言います。

これはキリスト教の中心的公案《こうあん》なのです。これを食べるものは、私によって生きる。これを生きなさい。私とあなたがひとつの運命でむすばれる、この神秘を生きなさい、ということなのです。物質的にキリスト

高森草庵のお聖堂でのミサ（右端が風炉）

の体を食べるとか御血を飲むとかいうことじゃない。キリストの生贄の神秘に自分がなるわけです。

つまり、キリストの生贄を燃やした火に自分が燃やされるんですね。キリストの血に自分が生かされるのです。

この神秘が、私達が言う修道生活というものです。

たとえば、誓願というのがあります。自分の一生を神に生贄として捧げるということなのですが、その中に三つのポイントがあるのです。

一つは、財産所有を一切しないということ。全て無一物でいきます。物との関わりにおける生贄となるわけです。

それから貞潔の誓願。これは、男でも女でも人間関係に執着して、そこから自分の心の動機というもので生きることをやめる。人間の執着から完全に解脱《げだつ》します、ということ。こういう意味で生贄になる。もうひとつは従順。これは、自分が神様のために良いと思うから行なうとか、自分の意志や考えに基づいて何かをするということをやめる。つまり純粋に神の御旨によってのみ生きます。これは一番深い生贄なんです。根を燃やすわけです。

これをするのは、キリストが燃やされていた赤い火、赤心、まごころの火、誠の火というものに私は自分を与えます、自分がそれで燃えます、ということなのです。

これをキリスト教では、アガペーというのです。神の霊と息吹、誠によって礼拝することを言うのですが、よく「霊と真理において礼拝する」と訳しています。でも、これは「まこと」なんです。なので「まごころ、赤い心で礼拝する」ということなのですね。

キリスト教は、まさに神の内的な火というものの洞察、あるいは啓示なのです。キリスト教は、愛の宗教だと言ったり、真理という言葉を使ったりしますが、ある意味では、拝火教なのですね。

ただ抽象的に神というものに捧げるというのではなくて、たとえば、「いと小さきものにしたことは私にしたことだ。……いと小さき者にしなかったことは私にしなかったことだ」という言葉。これは愛徳とか親切とか、普段私達が使うような言葉の次元ではなくて、やはり仏教でいうところの、一人一人に仏を見るというまなざしです。一人一人の人間の中に限りない神の摂理の御手を拝む。そこにまごころをもって応える。これは生贄の火の象徴ですね。

火をとどめるという「ひと」の姿

これまで西洋的なことを話してきたとお思いでしょうが、日本語で「ひと」という言葉は、火が止まる、と書いて「ひと」と呼ぶのです。火というのは、燃える火でもあるし、霊も火と呼ぶのです。火が止まるのが「ひと」なのです。

この人間の本来のあからさまな姿が現われたのが「聖霊降臨」といわれる事件です。キリストは十字架にかかる前に、死後三日たってからの復活を予言します。そして、やがて皆にもっと内密な火との関わりが与えられるから、その火のために祈りなさい、と言います。ということで、復活して五十日目に「聖霊降臨」という事件が起こるのです。そのとき、どういう象徴で現われたかというと、一人一人の上に火のごときものがとどまったという。つまり、火がとどまった。日本語で言えば、その時みんな本当の「ひと」になったということでしょう。

それから弟子たちは死ぬことを恐れずに歩み始めるんです。今まで、何だか不思議な、おかしなことばかりキリストは言っていたけれど、ああそうか、とその意味がわかってくる、見えてくるわけです。そしてまことの人となるわけです。日本語は最初からそれを予言しているんですね。日本語の洞察の広がり、深さにはとても驚きます。「ひと」という言葉がそうですね。人間の人間としての威厳を、まごころ、誠に見ていた……。

私たちの祖先の眺めというものは、私たちにとって一番深いところにある眺めなのです。もう一回、そこに入らなければ申し訳がない。私たちは、過去、現在、未来というふうに変貌してゆく夢、幻の現象としてあるわけではなく、やはり深い伝承の中に生きてきたいのちというものがある。そこに根ざす時だけ初めて、私たちはそこに生まれた価値というものが出てくるのでしょうね。

今の日本の人たちは「ひと」、火がとどまるということを忘れています。ただ体を暖めればいい、快適になればいいというだけの火を見ている。

今、日本中で木が遊んでいます。どこの森も木を伐らないから木が育ちません。やはり、ある程度は木を切って、木を燃やすたき火、これを体験しなければいけないのではないでしょうか。石油とか電気ストーブでは、やはり人間の本当の情緒は出ませんね。薪による暖かさというものと性質が根本的に違います。

それは、ご飯の旨さに現われますね。はじめチョロチョロなかパッパで炊いた昔ながらの炊きたてのご飯を食べた時は、本当に手が合わさります。ありがたい、と。そういうご飯と、手作りの味噌や、化学的な薬品を使わないでできた大根のおろしやじゃがいもの煮たのなど、そういうものを本当にありがたいなと思いますね。神様ありがとうございます、と。

このありがたさをかもし出すのは、木を燃やす火なのです。ガスでも灯油でもない。そういう摂理なのです。私達はもう一度、火の原点に帰らなければならない。人間が、変に工夫して自分の欲望のために、いろんなことをすると、ますます悪い方向に行くのではないでしょうか。

人間が火というものの本来の姿に入っていくとき、人間が「ひと」として、そこで初めて何か深い啓示とか、ありがたい示しというものを味わえるように、窓が開いてくるのではないでしょうか。

教会などで電気ストーブをつけてミサをやるというのは、ありがたみがありませんね。頭だけの理屈の宗教だ。キリスト教は、そのようなものではありません。

現代の宗教がダメになっているとしたら、その原因のひとつは火を見失ったということではないでしょうか。それは、すべての文明社会に言えることでしょう。宗教というのは、もともと根本を示す教えという意味です。宗教という特別の分野があるわけではなく、すべての人間の存在の神秘の根本を示すものです。

宗教の中で火というものを見ていくならば、もっと根本的な見方にならざるを得ないということですね。

冬の花

梅は梅である、梅は私ではない。これは、論理というものの原則であって、いわゆる学問は、この原則の上に成立する。これは人間の一つの見方である。しかし、梅の花を見ているとき、梅と私とは区別出来ない。梅は私である。これは、私の主観でも情緒でもない。梅という存在と、私という存在の在り方、かかわり方の問題である。我々の造ったものではない、この宇宙に生れるすべての存在は、どの一つをとっても超越的存在であって、我々の感覚的乃至観念的規定を超えている。たとえ、私が梅を見ていないときでも。

東洋的探究に、陰陽の原理がある。陽があって陰があり、陰があって陽があり、陰と陽とがあって動きがある。存在のいとなみの、存在に即してのながめであり、論理を超えている。しかし、それでも、存在把握には十分ではない。

超越的な存在は互いに互いを解放する。人間は、自分の造った物に取り囲まれ、その中に埋まるとき、自分を喪失する。

ところで、この存在の超越性は、人間において、その多層的存在構造の中にもあらわれる。人間は、漫然と物を食べ、感覚をたのしめばよいというものではない。考えてばかりいれば存在が全うされる、というわけにも行かぬ。人間にふさわしい食物の本当の味を味わうためにも、事の洞察を間違わぬためにも、歴史の意味の把握のためにも、存在の透明が要求される。断食も、坐禅も、お題目も、回峰行《かいほうぎょう》も、人が本来の面目を生きるためである。本来の面目を生きるには、存在の奥底からの彼岸のいぶきと自らの呼吸とが、また彼岸の光と自らのまなざしとが、単純に一つになることが求められる。そのために表面諸層への諸々の執着、

高森草庵にて

つまり感覚的執着とか、煩悩的執着とか、名誉への執着とかによって、存在の表面層にしこりが出来て複雑になり、分裂的になることを避けねばならない。単純、透明になるとき、言い方なく優しい、強い力に蔽《おお》われるのだ。

この冬、ローマから杖を曳いて来た一人の修道女から便りが届いた。

「あなたの所でのすべての事が、単純さを物語っていました。しかし、私の心に最も深く刻まれたのは、その優しさでした。優しさは、その場所の日々の生活を覆う着物のようでした。あなたとお話しした朝、小屋に引き籠って、ミサでのあなたの言葉を思いました。

『この凍《い》てつく冬に、花を探しに出なさい』。そう、毎朝、目覚めれば、もっと凍りついた大地がそこに在り、木々は裸でした。そして夜の寒さは想像もしなかったものでした。新しい小径《こみち》へ歩み出よ、と言われているのでしょうか。人生の道行では、単純さと優しさを伴侶にしなければならない、ということは知っていました。そのようにして、未知なるものへ導かれる、ということも知ってはいました。

私は思い煩っていましたが、決意すると起ち上り、寒風の中に出ました。歩き続けた結果、一つの出会いが起こりました。脆くて強い花を見ました。触れることが怖いと思いました。それに近づくには、私は、空虚に、裸になる必要を覚えました。その花の名は、赤貧《せきひん》。そのお生命《いのち》は解脱。……そうです。そちらでは冬の朝、花に出会います。その花の美しさをながめながら、かくれ給う方の不思議に触れます。……

私は、この町ローマで、この花のお生命を生きねばならぬのです……」

厳冬に、黙想の旅から帰って来たら、床の間に、一輪の花が、シャーレの水の中に置かれていた。疑いもなく花をつけたたんぽぽである。このたんぽぽを採取したひとに、「どこで？」ときいたら、この土地で大泉と呼ぶ湧水の傍の水溜りの水の中だったと言った。私には信じられぬことだった。毎日零下十度以下が続いていて、時には零下十五度になる。水位が変るのであろうか。冷え込む間、水に守られ、太陽の光があたる頃に、水上に出るのであろうか。

クリスマスと新年の挨拶の言葉に、私は、次のような言葉を書き送っていたのを思い出した。

かむいなる（かくれている）
淵の根に花
凍てつく冬に
帰り行き見ん

言《こと》が事《こと》を生んだのであろうか。そして私はふと、一つのことに気付いた。一つの草も、暑さ寒さを超えて自らを生きる、ある多層的構造を備えている、ということを。

まだ厳冬の高冷地に、梅の芽がしっかりとふくらんでいる！

梅咲いて梅の如し

知っている、とは何か

世界中どこでも、そして何時でも、知っているということと、わかっているということとは同じであった。そして、人は尋ねた。知っているか？　わかっているか？　と。

仲間が世話になっている御挨拶に、伊那の奥地に八十二歳の下沢御老人を訪ねた。話が食べることに及んだ。近頃その地方では、高血圧予防に、塩分を少なくとる、という運動がしきりに行なわれている。みそ汁の作り方も、ごく僅かなみそを湯水にとかして、とけた所で食卓に供するように、と言い、みその量を測定して示す。御老人は反撥して聞いた。「塩一匁《もんめ》は何グラムだ？」答は返って来ない。これは、彼が大陸を転戦していた頃、一日三回、朝、昼、晩、と齧《かじ》った、個形塩の重さである。議論の仕様もない。この指導者らは、谷間で重労働をしている農民と都会生活をしている人間との、一日の必要塩分の差、というようなものを考えてもいない。何も知らないのだ。御老人はつづける。「みそが溶けただけの、野菜一種類の汁でなくてよ、いろんなもの煮こんで、鍋の蓋にみそのかすがついているような汁を食いたいよなあ」。子供の頃から、寒い冬も、そういう汁で身体を温めて育って来た人間は、そういう汁で元気になれるのだ。

「尾籠《びろう》な話だが、塩を食べたくて塩がなかった時、最後は、小便所の周辺の土を集めてのう、それを溶かして濾《こ》して、蒸発させて塩をとって舐めたよ」

「……」

「人間には、いろいろの知恵があってのう」

ふと、その時思った。塩分指導者らは、今、自分達の食っている塩が、どんなものなのかを知っているのだろうか、と。

印度で、印度の青年とアメリカの青年が同室で暮し始めた。最初に、アメリカ青年が不平をぶちまけに来た。「とても、印度人とは暮せません」。「何故?」「あいつ、どこへでも小便するんです」。翌日、印度青年が訴えに来た。アメリカ青年の時と同じような真面目な顔をしていた。「アメリカ人と一緒には生活出来ません」。「何故?」「小便のあと、手を洗わないんです」。両者の共通の言い分は「私は、清潔とは何であるかを知っている」ということである。

嫁と姑争いも、結局はこういうことなのである。お互いに心の中で言い合っている。

「私は、知っているのに!」

優《やさ》しい人間は、優《すぐ》れた人間である。すぐれた人間というのは、一つ一つの事の前で、「私は知りません」といつも合掌する人のことである。

嘘の世界

知っているということと、わかっているということとが一つである世界では、事はまだ簡単である。しかし、知っているということと、わかっているということが、区別して考えられるような事が、ギリシャから始まる西欧文明の過程の中で起った。一般的普遍的真理というものを考え、定義とか、論理とかいうことが、真理発見の重要条件となった。論理では、同一律、矛盾律が絶対の基盤であるが、それは、甲は甲であって、甲でないものではないということである。これでゆくと、私の見ている花は、私ではない。ところが、存在の神秘は、そんなに簡単ではない。私がその花を見ている時、その花と私とは区別出来ない。いや、見ていない時でも、区別出来ないのだ。一つ一つの存在は、かけがえのないものでありながら、互いにひびき合い、含み合っている。しかし、論理の立場では、そういう存在の神秘をすべて抽象して、我々の見方にのみ限定される。

更に、所謂《いわゆる》ギリシャ的西欧的真理では、歴史はすべて抽象される。すべてのかけがえのない存在は歴史的存在である、という事実は、全く評価されない。

そういう世界で、理念的な言葉というものが、言葉の主役を演ずるようになった。ことば、というものは、本来、存在と存在との出会いのひびきを根源にするものなのだが、理念言葉では、存在のひびきは直接に受け取られない。理念言葉は自意識と直結する。こういう種類の言葉なり、それによる定義なりが論理的思考に操作されて、新しい理念言葉に到達するという、コンピューター的思考の原型の世界が、そこに在る。

そこで、知っているということが、わかっているということとは別になってくる。

人間の思考のやり方は、人間の思考のやり方であって、存在の神秘そのものとは、別の世界なのだ、ということを知りながら、でも知りたい、と、畏れ戦《おのの》きを以て探究するのは、人間の自然的本能の一つであろう。しかし、人間の執え方と存在の神秘が同一だ、とする時、そこに嘘の世界が始まる。

素粒子が、莫大な宇宙史の中に揺れつつ変貌する歴史的姿の一つであるということなど、物理学者は考えてもみない。歴史を抽象した存在の次元に於てすら、彼らは、素粒子の向うに何があるかを知らない。素粒子の由来も思い得ない。彼らが、素粒子を知っている、というのは、真赤な嘘である。

原子爆弾は、幻想と悪魔的意欲とが生み出した、言うべからざる固まりである。

問題なのは、この栄養指導員だけではない。農協指導員も、農協指導員の指導員も、大学の教授達も、所謂《いわゆる》知識的に「私は知っている」という主張をしている人間は、全部同類なのである。彼らは決して、ことほぎを齎《もたら》すことはない。ことほぎの代りに、ことほぎの名に於て、結局、災いを齎すことになる。

本当の探究者は、探究する程、神秘の虜となる。彼は、ことほぎの微妙さを知るようになる。ことほぎは、言祝《ことほ》ぎであり、事解《ことほ》ぎである。

知識の人、というのは、すべての事を、遠いまなざしで、根深く洞察する人のことを言う。

新春に一つの提案をしたい。

数の奴隷たちに経済を任せておく事も出来ない。今、まことの知識の人を中心に、政治経済の懇談を始めよう。

人生は数のために在るのか？

小学一年生のとき、最初の抵抗を感じたのは、算術の時間であった。一足す一は二だ、という。何故そうなのか、という説明はない。一足す一は二なのだ。しかし、ある全体を一で表わすなら、ある全体とある全体を合わせると、もう一つの全体が生れる。一足す一は一である、という見方も出来る。私はその頃、搗《つ》きたての餅と餅とを合わせれば、一つの餅になると考えていた。一足す一は一応よい。しかし、何故いつも絶対的にそうなのだ？　その疑問は正しかったのである。一足す一が二だというのは抽象された量だけの立場であり、私の立場は、存在を抽象しない立場なのである。「一足す一は二だ、というのは、一体どういうことなのか、ということを説明する先生は一人もいない」と嘆いたとき、小川安夫という詩人は、成程と思ったのだろう。関西に、数学の大家岡潔先生を訪ねて行った。

「先生、一足す一は何故二なのですか？」

先生は答えた。

「なに、そんな気がするだけなんだよ」

彼はその足で私の所へ帰って来た。彼の報告を聞いて、「岡先生は本物だな」と思った。炬燵《こたつ》にあたりながら、ある若者にこの話をしたら、「私もそうだった」と言った。

「一足す一は二だ、とだけ書いてあるならまだしも、その説明として、一つの蜜柑が描いてあって、それに＋《プラス》、もう一つの蜜柑が描いてあって、それが＝《イコール》となって、二つの蜜柑が描いてある。蜜柑はどれをとったって違っていてかけがえのないものである。一つのかけがえのない蜜柑と、もう一つのかけがえのない蜜柑とを合せたら、二つの蜜柑になるというのは、一体何なのだ、と思った」という。その疑問は正しいのだ。数というのは、論理的思考、幾何学的思考と同じく、人間中心の一つの思考操作に過ぎない。宇宙の存在は、どれ一つをとっても、かけがえのない存在であり、本来、数えられるものは、一つもないのである。それが近世の西欧的意識文明の中で、数えるということが一つの主役にのし上った。トランプでキングよりエースの方が価値があり、更にジョーカーにそれらを超越する価値があるというのは、いくらかの救いであるが、数を主役にすれば、本能的に量的により大きなものを崇拝するようになる。小企業より大企業、手仕事的生産より機械的大量生産の方がよい。そうなれば、画一企画品は何の遠慮もなく出廻り、公害商品の大量配給が行われ、しかもそれが文明的価値としてまかり通る。

もう一つの副役《そえやく》が登場する。効率である。しかし効率を上げるほど、公害は深まるばかり。

無数の実例の中での一例だが、果物といえば果物、野菜といえば野菜にぞくする実のジュースを毎日、一缶飲んでいた男が、そのジュースをつくる工場に行ってから、ピタリと飲むのを止めた。消毒の青い薬品がピッタリついている実は、洗浄部で洗われながらベルトに載って行くのであるが、それが未だ洗い切れぬうちに、潰される所へ落ちて行くのであった。

大きなパン屋に勤めている子がやって来て「先生、企業秘密は誰にも言ってはいけないのですか」と言うから、「私には言ってもいい」と答えたら、「先生、サンドイッチだけは食べないで下さい」と言った。腐らないように、ハムなどの上に、いちいちスプレーをかけるのだという。それで、ふと思いついたのは、新幹線の弁当である。冷肉の入った弁当を食べたことが二度あるが、二度とも、すぐに吐き気を催した。私のように、田舎で薬品なしで作ったものだけを食べている人間は、微妙に反応するようだ。旅行に出るのが嫌なのは、先ず、こういう食物を食べることを余儀なくされるからだ。

最近私の周囲で五人の人が死んだ。全部癌である。

しかも、見せかけの豊饒の中で、人々は思考力、洞察力を失った。何故そうなのか、を思い得ぬのである。

昨年の晩夏から初秋にかけてアメリカに赴いたとき、人々の思考そのものがコンピューター化しているのに気付いた。ある観念を足したり掛けたりして、もう一つの観念を引き出す。人間がロボットとなった。コンピューターとの共存は当然である。黙想参加者の人が、アメリカには哲学がない、と言った。「どの大学でも哲学の時間をなくして、テクノロジーの時間にしてしまった。最後まで哲学を残していたハーバード大学も、最近哲学をのけてしまった」と嘆いていた。

日本でも、ロボット的数量的思考しか出来ない人は引退しなさい！

数を追う者は、数によって蒸発する！

存在のリズム

午後三時過ぎの東海道線の上り電車は空いていた。大船から少し来た所で、一人の男が乗り込んで私の前に坐った。窓枠に小さなヤクルトのプラスチック容器を二つ置くと、新聞を拡げて、ちょっと見てから傍に置いた。あごを撫《な》で始めた。顔は申し分なくきれいに剃ってある。次に眉毛を何度もしっかりと撫でた。頭にも手をやった。頭髪も申し分なく梳《す》いてあり、油が光っている。音を立てながらヤクルトを飲む。やがて煙草を取り出して窓外を見ながら喫《す》い始めたが、そのまま視線を移さずに灰を落とす。私のもんぺが灰だらけになる。煙草を捨てると、またヤクルトを開けた。満足そうに飲み干して、空容器を腰掛の下に投げると、新聞を拾い上げた。読むのでもない。新聞を置いて窓外を見始めた、と思っているうちに、脱兎の如く扉口に走った。自分が下りる駅だと気付いたのである。彼の中に、存在のリズムというものとは関知しない動きを見ていた。現在の日本社会の人間の象徴のような気もした。

しかし、私は彼を嘲《あざけ》ってはいられない。私が今書いているのは雑誌の三月号の連載原稿である。年末から年始にかけて旅行をするので、十二月半ばの執筆である。編集部の方からは、ときに季節感を匂わせてくれれば嬉しい、と思われる発言がある。三月と言えば、東京では既に春の気配が濃厚になる。しかし、三月号は二月一日に発売される。ややっこし過ぎる。それに随筆というものは、少しはフィクションを含んでもよかろうが、主流がフィクションであってはならない。事に触れ、事に随《したが》って湧くことばなのだ。現在の日本の雑誌で、どうやって、季節感のある随筆を真に読者と分かち合うことが出来るのか。

いや、現在の日本の社会を動かしている動きには、リズムという言葉は当て嵌《はま》らない。何事も早いほどよいのだ。インスタントなものが歓迎される。食べ物から読み物まで。

しかし、どんな存在でも、自分自身に由来するリズムというものを持っている。犬猫には犬猫の呼吸と脈搏のリズムがあり、人間には人間の呼吸と脈搏のリズムがある。このリズムが毀《こわ》れると、その存在の営みも失われる。ひびき合う周囲の存在の営みも疎外される。人間は、深みとの呼応において、本来の存在のリズムを保持する。

自我意識中心の生活をしている人の呼吸は、一般に性急で、しばしば乱れる。周囲の現象や、自分の感情によって左右されるからである。深みと呼応している人間の呼吸は単純で、静かでゆっくりとしている。存在の本来の在り方と呼応する生活のリズムが、本来の生活のリズムである。犬猫が犬猫であるためには、人間よりもよく眠らねばならないし、人間が人間らしくあるためには、ときにすべての活動を置いて、沈黙瞑想しなければならない。

この間、一人の身障者の訪問を受けた。両手がなく全盲で、片方の耳がわずかにきこえた。長い話のうちにその由来を知った。最初は、花火の爆発事故であった。薬を調合しているときに爆発した。そのときは、手には未だ二、三本の指が残っていて、目も弱視だが見えた。二度目は交通事故であった。強気の彼は自動車の運転を続けていて、今度は衝突したのである。指は全部無くなり、目は完全に見えなくなった。それから三年間、自暴自棄の地獄が続いた。あるとき、病院に修道女が訪ねて来た。訪問が続いた。いつも何も言わずに帰って行く。彼は新しい世界と出会う。最近彼は結婚した。同伴の夫人の言葉によれば、彼の精神力の強さを必要とした、という。夫人は全盲に近い弱視であるが、耳と手には異常がなく、彼を一生懸命世話している。彼は結婚について、こんなことを言った。

「結婚したら、もっと自由が出来ると思ったら逆でした。結婚しないときの方が自由でした」

あとで、この言葉の意味を問い質したら、こう説明した。

「私は簡単な繕《つくろ》い位はします。足と口で、鼻歌を歌いながら、針の穴に糸を通すとき、時間などはどっかに行っています。自由でしたなあ」

食事になると、彼はポケットからゴム紐を引き出して、口で右手に巻きつけ、フォークをそれに挿《はさ》んで、美味《うま》そうに食べ始めた。

「どうして、みんなに手があるのかな、と思う。手が無いばっかりにもっと美味い。負け惜しみじゃないんだよな」

彼の顔はいつも輝いていた。

「わかるような気がする。私も呼吸困難で、次の息をどうしようかと思っていたとき、生きる有難さをしみじみと味わっていたから」

彼は首を縦に振った。

彼の生活空間には、周囲の誰にも見られない、存在のリズムがあったのである。何よりも、静かな呼吸にそれが見られた。

深みに根ざすまどいを求めて

家庭団欒のまどいの場合は、たとえばイロリを囲んでいると、太郎は太郎、次郎は次郎、花子は花子、オヤジはオヤジ、オフクロはオフクロでね、やっぱり交替できない、かけがえのないものですね。おのずからに、そういう場合には「太郎、お前それ我慢しろ、花子のために我慢しろ」といったら「ウン」といって我慢する――やっぱり、自然的にそういうものがあるみたいですね。それが、みんな自己主張やっていたら、まどいにならないわけです。

これは、まどいの自然的な姿ですね。だから、ただ自然的な姿っていつも霊的な深みの印っていうか、象徴みたいな姿が良く現われるんで、そういうものとして、深みのまどいの印みたいなものとして家族のまどいがありますね。

大きくなって、みんながテンデンバラバラに別れても、ただ帰ってゆく巣があるというだけじゃない、花子は花子でやっている、花子の道を歩いているんだというところで、そこに生きているわけですね。そこに本当のまどいがある。時間や空間は離れていても、もう切り離せないわけです。

武者小路さんが、

「君は君
我は我也
されど仲良き」

と言っているでしょう。あの言葉はまだヒューマニズムの立場だと思いますが、何か仕事をしたいという時に、普通、目に見える現象の世界での広がりを考えて、そのために組織して何かやるというようなことを考えるんですが、そういう点で考えてるまどいだったら、「されど仲良き」で良いわけですね。ところが、

「君は君
我は我也
されば仲良き」

こうなりますと、ありがたい世界に入るんですね。そういう世界での時空を超えた、常に現存している交わり、これを私は〝まどい〟という言葉で表わすのですが、家庭団欒のまどいと言いましょうか。私がまどいと言う時、それがイメージにあるわけです。

まどいの根元というのは、一人一人のかけがえのない道、しかも、それをただ現象的に、その人の特別な性格とか才能とかいうことで見ているかけがえのない道ではなくて、それではまだ、されどの仲なんだけど、そうじゃなくて、一人一人が本当に深みへの旅をして、何か新しい名前が与えられてゆく時のことなんです。名前というのは――私たちは召し出しという言葉を使いますけど、一人一人が深みへ行く時に、その人の生きる意味に召し出されるっていう感じがするわけです。その召し出しの時に与えられる名前――たとえば具体的に言うと、キリストがシモンという人に会った時に、お前はこれからペトロと、すなわち巌《いわお》と呼ばれるようにと言われましたが、その出会いの時に、新しいその人の召し出しが与えられてしまうわけですね。

キリストの場合、それがはっきり出てきますけど、われわれの場合は、それがハッキリしてないわけですが、そういう何か深みに呼ばれる姿っていうんですか、その人だけの持っている深みの旅の姿っていうんですかね、その時の姿の本体的なものですね、それを名前というわけです。僕は今、それを名前と呼んだんです。

その新しい名前というのは、必然的に深みへ根ざしている名前ですから、必然的に響き合うんですね。その深みの旅の名前がはっきりするに応じて、まどいがはっきりするわけですね。そういう種類のものなんですね、僕の言うまどいっていうのは。

だから、もしどこかで、本当に真実を追求して、深みの世界へ、現象を超えた世界へ歩いてた人がいると、あっ、そういう人だな、同じ光で生きているな、という時に出会いがあるんですが、それはすでにあったまどいの自覚になるわけですね。その時新しくできるわけではなくて。だから、人類の中には宗教の区別さえ超えたまどいがあるという眺めがあるわけです。

そのまどいの姿に参じたい、そのまどいを成長させてゆきたい、そういう響き合いを——何というか、成長させるのは私たちではないんで、ただ私たちはそういうふうに歩かされるわけなんですけど、それを何か聞こえない声を聞きながら歩くっていうか、見えないものを時々フッとかいま見せられながら歩かせていただくとか、そういう道っていうことなんですね、僕がまどいの道っていうのは。

歴史はかくれたもの

何かにかかわるときの動機が、一般世間とは違うような世界においては、その世界の真相究明は、きわめて困難である。

未だに江戸っ子の心を摑んでいる忠臣蔵で、吉良上野介《こうずけのすけ》を討ちとってからの最後の場面、あのまま泉岳寺の主君の墓前で、全員自決したならば、江戸っ子はこの劇の完璧さに、文句なしの讃美の声をあげたろう。そうはせず、同志達の抗議にも耳を貸さず公けの裁きを待とうと言った大石内蔵助《くらのすけ》の心は、それほどに評価されていないのではないか。その心あったればこそ、このような劇も成立したのだ、ということに気付いていないのではないか。一人一人をお大切にする、自らの恣意を除き天命を追う、大石の心だったのではないのか。

お茶でも、お花でも、武道でも、「お手前拝見」という。話し手の手が、かかわる人間を意味するならば、手前というのは、そのかかわる人の、かくれたところを示している。かくれて見えない、あなたのお人の深みが見たい、という願望である。誰にも語り得ぬような、かくれた心、かくれた動機は言葉にならぬ。してもならぬ。彼岸のいぶきと通い合う所は、語ったら、その瞬間に、すべてが終ってしまうのだ。ただ、茶をたて、茶をいただくほかはない。

つゆ明けの頃、私は、中国安芸《あき》の国の、ある茶の湯の師匠の家にあった。その家への道で、はじめてどこへ行くかを知ったのである。一人の婦人が、身障者の世話をする仕事を始めるとかで、彼女の家族や、友人達が応援していた。が、はっきり言って、この婦人の品定めをしたいと思っていた。私にはただ少し変った普通の人に見えた。師匠は、このグループの精神的応援者のようだった。坐してしばらく話してから、お茶をいただくことになった。師匠は彼女に主役を托した。相変らずのしぐさで、「もう忘れちゃったわ。……これでよかったのかしら……」などと、しゃべりながら、進んで行った。一瞬、沈黙が深まり、彼女は茶筅《ちゃせん》を動かし始めた。私は、例によって、すすめられても、茶菓子は口にしなかった。本当に、茶を味わいたかったから。そして、その茶を口にふくんだとき、言い知れぬ感動が動いた。言い難くまろやかな、甘あーい茶であった。まさに、お手前拝見であった。この流派は、安芸の武士の間に伝えられて来たもので、世間には知られていない。この地方にかくれて生きていた武士達のこころをいただいたのであろう。

こんな甘い茶をいただいたのは、生涯そのときだけである。

お手前は、野心で成就するものではない。無心に与えられる、天の心、である。

歴史の中には、まごころのかかわりを生かすものと殺すものとがある。深みに根拠を持たずに持続性を求めると、必ずそのようなかかわりを殺す暴力となる。政治的権威にせよ、経済的能力にせよ、ただ自らに準拠して持続を求めるとき、そこには必ず、暴力が働く。歴史の中の、手（まごころのかかわり）を生かすもの、おのずからに歴史の持続性を保証する力となるものとは、深みと一つになった全人的かかわりを除いては考えられない。そういうかかわりによって、歴史の内実が織り成される。

歴史の中心的人物についてのみ、そう言い得るのではない。

歴史の中の暴力に抗して、まごころを以て生きている、すべての無名の人々は、まさに、歴史の内実を受け継ぎ、織り成して行っているのだが、暴力的な、独裁政治、あるいは独裁経済の下では、彼らのことについて、彼らのかかわりについて語られることはないのである。

存在の奥底からのかかわり

たとえばアルコール依存症で困った人が来るでしょう。その人にいくら説教したって治りません。そしてね、もしその人がなぜ飲まなきゃいられないかということを本当にわかって泣く人がいたら、その人はもう飲まない。そういうもんですよ。つまりそのためには、その人とかかわっていなければ泣けないです。だから僕はそうした人たちには関与しないの、なぜ飲みたくなるかどうしてもわからない。だから僕はかんべんしてもらったんですよ。僕にそれだけの能力ないといって。だから、当事者が当事者を治すことによって、自分も治るんだ。それはお互いなんですよね。

たとえば、皆に捨てられ、誰にも相手にされない、難しい人がいるわけ。だけど我々は絶望する権利はないですね。本当にかかわっていくとやっぱり何か見えてきますよ。なぜそうなのかというのが。その人の責任じゃないんです。赤ん坊でお腹にいる時の環境、生まれた時の環境、生まれてからの環境というもの、それが根底を作っているんですね。それが響いてくるわけです。その響いてきたのを、こっちがわかり始めたら、むこうはしゃべる言葉じゃなくて、私の言うコトことばでわかるんですって。それで変わってくるんです。元気が出てくるし、変わってくるんです。だから、かかわりの中でしか洞察はないというのはそれですね。結局最後は、これがコトことばなんです。

たとえば、ある軽い麻薬患者だった男がいて、説教してもダメだった。それがしばらくおいてくれっていって、一週間だったかな、おいてやったんだけれど、東京へ帰った。また戻ってきたから、今度は、「病院へ行け」

と言ったんです。

「もう、おしまいだぞ。病院へ行くよりしょうがない」

「お願いです、もう一回ためさせて下さい」

「よし、もう一回だけだ」

二週間たつと、今度はかくれてやるようになった。そしたらある友達が、

「お前は男じゃない。やるなら堂々とやれ」

堂々とやったら、その隣りでその男と永くつき合っていたのが泣いたんです。一言も言わずに泣いていたんですね。それっきり彼はやめました。つまり空虚な穴が埋められちゃったんですよ。人間はそれなんです。かかわり合うということはそういうことなんです。だからあきらめちゃいけないんですよ。

だから離婚なんていうのズルイと思う。そういう時こそかかわり方を覚えなくちゃいけない。それが手なんです。そのかかわりの根源の手が人になった、これがキリストなんです。

感謝します、とは言えない

ありがとうという言葉を、英語に訳すとき、サンキュー（私はあなたに感謝する）という言葉で訳します。このサンキューという英語をヒンディー語（インドの公用語）に訳すと、ダニョワッドとなります。インド航空の飛行機に乗ったとき、しきりにこのダニョワッドという言葉を耳にしました。それで、私もインドのあちこちでこの言葉を使ったのですが、少しも反応が返ってこないのです。不審に思ったので、長いことインド人の中に生活している一人の友人に、このことを聞きただしてみました。それで初めて知ったのですが、このダニョワッドという言葉は、サンキューを訳すために造られた新語であって、英語のサンキューに当たる言葉は、もともとヒンディー語にはない、ということでした。

ある時、もう一人のイギリス人の友人がセイロン島を訪ね、その土地の彼の友人から、いろいろと心からのもてなしを受けました。心のよい彼は、それでしきりにサンキューとくり返したのですが、そこの主人は突然、きっとなって言いました。

「もう一度サンキューと言ってごらん、もう一度言ったら、この家から出て行ってもらいます」

友人はひどく驚いたわけですが、その理由はこうなのです。

「私は、あなたに感謝する」というときは、既に、私とあなたが区別されています。そういう表現は、よそよそしい仲にだけ可能なのだ、ということなのです。

昔なら、日本人にはこれ以上の説明はいらなかった、と思いますが、念のため補足しましょう。

確か、良寛さんだったと思います（間違っていたら御免なさい）。

道を歩いていたら草鞋《わらじ》の緒が切れました。どうしたものかと一瞬ためらっていたら、それを見た一人の村人が走りよってきて、切れた緒を立派につなぎ直してくれました。すると良寛さんは、直してもらった草鞋をはいて、何も言わずにまた歩き出したのです。村人は不審に思い、それから我と我が身のことをふり返りました。「私が悪い人間だからなのだろうか」。そう思うと今度は、この善良な村人は急に不安になりました。すたすたと走って行って、和尚さんに縋《すが》りながら申しました。

「和尚さま、和尚さま、和尚さまはどうして、ありがとうとおっしゃらないのですか。おっしゃって下さらないのですか」

すると良寛さんは、目に涙さえ浮かべながら、こうお答えになったのです。

「どうしてありがとうなどと言えるものかね。だって、あなたに草鞋を直していただいたときから、私とあなたは永遠《とわ》に一つになっているのに、ありがとうなどと言えば、すべてがそれで終わってしまうではありませんか」

先頃、カトリックの福祉関係者の大会の席上、一人の指導者が、幼稚園の「母の日」の行事についてこんな報告をしていました。

「私は『母の日』に、子供達に一つの宿題を与えました。それは簡単なことですが、その日のうちに『お母さん、ありがとう』と言わせることにしました。翌日の朝、一人一人の子にそれを実行したか聞きましたが、中に二人だけ言えない子がいました。実際、それが言えないようでは困るのです」

私は、今の社会の空虚さを感じながら何とも複雑な悲しい思いで、その報告を聞いていました。多分、「お母さん、ありがとう」と言えなかった子の家庭が、一番親子の心が一つになっている家庭だったかもしれません。そうに違いありません。

これは戦前に聞いた話ですが、東京の下町の貧しい母子家庭のクリスマスの出来事です。その家では普段おかゆばかりを食べていたのですが、クリスマスだというので固い御飯を食べることになりました。

「今日は、御飯を食べようね」

子供達のうれしがったこと。手を叩いて、飛びはねました。ところが、それだけではありませんでした。

「天丼を食べようね」

子供達は天国に上がったようです。

「本当に、本当に、天丼を食べるの」

「本当だよ」

その晩、小さな食卓を囲んで子供達には小さな手を合わせて、一心に祈りました。ところが食べ始めようとすると、お母さんの丼の上には天ぷらが載っていません。

「お母さんには天ぷらがないじゃないか」。異口同音。

「お母さんはいいんだよ。いいんだからお食べ」

みんな黙りました。黙って一度取り上げた箸を置きました。しかし、抗議のむなしいことを悟りました。そうと悟ると、ぼろぼろと大粒の涙を流しながら、泣きじゃくりながら、天丼をかっこんだのです。

「お母さん、有難う」などとは言えません。

もともと、有難い、という言葉のひびきは、サンキューというひびきとは違ったものを持っています。それは、有ること、存在することがむずかしい、かけがえのない大切なことだ、という意味です。おのずから に手を合わせて合掌せざるを得ないようなことを、ありがたい、というのです。自らがその当事者である、そのこと自体が、ありがたい、のです。そこでは、自分とか他人とかの区別は奥の方へ退いてしまっています。そして、そういうところで初めて宗教の世界がひらかれます。

イエズスの周囲で、イエズスのありがたさを我と我が身に、しかと受け取っていたのは、口がきけない人にしろ、耳が聞こえない人にしろ、目が見えない人にしろ、ハンセン病の人にしろ、どうにもならない運命を身体的、社会的に担っていた人々や、夜を徹して魚をとって生活をしていた漁師達や、何の特権も持たずに、手足を泥にして働いていた人々でした。人生に絶望していた罪の女もいました。それは、守られた楽な生活をしながら、宗教についての説明を聞いたり、探したりして、そして自己満足していた人々ではなかったのです。そんな人々には、どんなことをしてもイエズスのありがたさは、わかりようもありません。のっぴきならないものを我が生き身に運ぶ者だけに、イエズスの言葉を受け取る窓が開くのです。

「泣く者は幸いだ、飢える者は幸いだ」

というのは、正に文字通りにそうだ、と言われているのです。

イエズスとは、正にその人がのっぴきならない存在でした。のっぴきならない者だけが、この、のっぴきならなさを嗅ぎつけるのです。

流民の版画家

それは、八月末でも既に初秋の感触のある、森の湖畔の道であった。

ニューヨークから自動車で一時間位のところに、タクシード公園〔タキシードパーク〕といって、金持ち達が原始林の一帯を占領して、ヨーロッパの貴族達の模倣をしているような生活区域がある。私などとは縁もゆかりもない所に立ち入るようになったのは、金持ちの環境を去って、二人で韓国での奉仕生活をしたいという、若いカップルの結婚式を引き受けたからであった。青年達の状況視察のための世界無銭旅行の途中の出来事である。

その朝、朝食をすますと、出迎えの車を嫌って、すぐ家を出た。人も車も通らぬ道を、今日集まる人々にどんな話をすべきかと、物思いながら歩いていた。

突然、私のうしろに、急ぎ足で追ってくる人の気配を感じた。振り返ると、一人の老人がもう私に話しかけていた。

「私の家に寄ってくれませんか」

「？」

「私の家は、ギャラリーのようになっています」

美しいものがたくさんある、と言ったような気もする。とにかく、私は呆気《あっけ》にとられていた。この文明砂漠に、そんなことがあるはずはない。

「ちょっとでいいから寄ってもらえますか」

悪い人には見えないが、何故そんなにせがむのか、不審であった。時間の余裕がなければ、丁寧に断わっていたかもしれない。

「少しの時間ならお寄り出来ると思います」

私は承諾した。来た道を戻りながら、私はきいた。

「御職業は何ですか？」

「ウッドカッターです」

私は昔、カナダで、神秘的な樵《きこり》に会ったことを思い出した。

狐につままれたまま、開かれた扉の中に入ったとき、私は一瞬、愕然として立ちすくんだ。美の圧力の強風が、まともに、生き身に吹き寄せて来た。私は、勇気を以て、静かに歩を運び入れた。大きな部屋全体の、何という息づきであったことか。織物（タピストリー）と木版画の大小の作品が、ある秩序を以て、周囲の壁を埋め尽していた。

空白の時空に慣らされていたそのときの私には重すぎる充実を、しばらく堪えてから、鳥を描き出した大きな織物の前で言った。

「ここへ入ったとき、私の脳裏に浮んだのは、ルーヴル美術館の入口近くにかかっていた、不死鳥の、たしかペルシャあたりの昔の織物です」

「ここに在るいろいろの鳥のモチーフは、私の故郷のものです」

「あなたの血の中には、本当に東洋が流れています。あなたの作品は、東洋の作品の模倣ではありません」

「私はハンガリア人です」

そこへ来る直前、私はシカゴで、亡命ポーランド人達に会い、彼らの存在に運ばれている、いい方ない人類の苦悩に触れていた。

「私の両親と兄弟達は、一九五六年の十月の事件のとき、みんな死にました。私と妻と子供だけ、こうやって逃げてきました」

彼は、それ以上過去を語ることを拒んだ。

私はふと、どこかで彼に会ったことがある、と思った。

彼は、『デューラーとドミヤン』という本を持ってきて、個展の歴史を示した。彼は、中国で一世紀に一人、木版画の巨匠に与える賞を、中国人以外で受けた唯一の人、ドミヤンその人であった。

同じ題目の論文を、学生の頃読んだ記憶があるから、彼の個展を見たのかもしれない。

しかし、私が出会っているのは、そういう過去の記憶的対象でもなく、目で見、耳できく、感覚体験的事象でもなく、何かもっと別なものであった。彼が今生きている内的な神秘の森を、私が既に知っている、ということ。彼の血を生かしている遠い伝承と、私の血の中の伝承とが、同じおいのちだということ。それこそが大事なのであった。

森のわかれ道で、私たちは抱擁した。彼は泣いていた。

因縁ということ

ニューヨーク近郊の森の道で、一人の老人が見知らぬ私を追って来てから三年経った。一九七七年の晩夏、マサチューセッツ州での黙想指導の帰途、私はあらためてこの神秘的版画家ドミヤンの許に寄った。その間、手紙のやりとりもなく、彼の生涯や作品について、何一つ研究をするでもなく、そのまま、この前の風の訪れの続きであった。

彼はこの森で、家と作品とを、何者かの放火によって失っている。今の新しいアトリエの家は、彼が設計し、自分の手一つで、こつこつ作ったものである。

私の身体は、この前のアトリエの光のすがたを記憶していたので、そのままの光の中に身を置くことを期待していたが、光のすがたは既に変貌していた。この前、そこを辞するとき、入口に数年前に火事から救い出された彼の初期の木版画の作品と、最新の作品とが並べてかけてあったが、その二つの作品の間の時空に、彼の経て来た苦しみの淵を測ったこと、そして、そのとき彼は、周囲の人々との対話の可能性が全くないことを告白したのを思い出していた。

彼は、創作の仕事を休んで待っていてくれた。ある午後のひととき、アトリエの一隅で、彼は不思議な生涯を語り始めた。

ドミヤン（左）と押田神父（右）

十歳の頃、美にとりつかれてからの、托鉢《たくはつ》僧のような、美の巡礼の旅である。二十七歳のときの、欧州での美の巡礼は、その一つの具象化で、その旅の途次、自分の芸術家としての召命を確信する。金も持たず、その日の宿も知らず、自分のスケッチを売り、労働をしながら、ミュゼウムを歩き巡る。

私の知合いの若い人が、杖一つの日本巡礼の旅をしていたが、九州の日暮れた山道で、まだほど遠い国鉄の駅へと歩いていたとき、一人の青年から、手厚い世話を受けた。その青年は言った。

「自分も数年前、日本中を歩いたことがある。どこでも人々は冷たかった。貴方の姿を見ていたら、そのときの思いがこみあげてきた」

孤独の淵のドミヤンが無銭旅行中の私を追って森の道に呼びとめた気持の中には、こんな心情もまじっていたかもしれない。しかし彼は、自分の旅の思い出に誘われて私を追いかけてきたのではない。

彼は十四歳のとき、結核末期で死を宣告されている。貧乏な家庭で栄養もとれない。そのとき、最初の神秘体験が彼を訪れる。彼は、不思議に治癒する。「あのとき以来、私の全生涯が変った」という。私にも同じような体験がある。見つめていたものは違っていたかもしれないが、私にも、生命より大切な、ある見つめるものがあって、死ねないと思っていた。

こういう体験というものは、ただ体験にとどまるものではなく、存在の在り方に痕跡を残す。私を呼びとめるべく強要した内的なものの中に、彼の死病のときの体験の遠いこだまがあったとしても不思議ではない。しかし、彼のその話をきいても、私は自分の似たような体験の話はしなかったし、彼とても、過去の体験は興味の中心ではなかった。

「あなたが歩いているのを窓越しに見ていたとき、どうしてもこの人を引き止めねばならぬと、心の奥から強制されたのです」という事情は、もっと別の次元のことがらである。今の、生きている内的生命にかかわること、すなわち、彼岸の光、彼岸の息吹《いぶ》きの境涯にこだまする一つの生起のことがらである。

彼の作品の前で、「私はあなたにどこかで会ったことがある」と言ったとき、「私はあなたを知っている」という事実、つまり、彼がその中に今生きている、彼の内的な森のすがたを、私は既に知っている、という現実が大切なのであった。

人のあとを追って、自分のアトリエに寄ってくれ、などと言ったことは、生涯に、このときをのぞいて一度もなかった、と彼は言った。

現象界の出会い、なのではない。未生界からかかわる、知られざる手による、一つの生起のことがらであろう。

白い鹿

版画家ドミヤンのアトリエを二度目に訪問したとき、私はそこで、白い鹿に出会った。白い鹿の第一の話はこうである。

匈《フン》族の王すなわち匈王と、マヨール族の王とが、兵士五十人をつれて猟に出たとき、普通の鹿とは違う白い鹿を見つけた。捕えようとすれば川の向こう岸に行っている。追っているうちに道に迷い、家に帰らねばならないと思っていると、また翌朝に白い鹿があらわれる。こうして西へ西へと行くうちに、ある明るい森で踊っている姫達と出会い、兵士達は姫を自分の妻に迎える。これが、ハンガリア（即ちフンガリヤ）の建国の由来である。

これに関連する、彼自身の後日譚はこうである。

一九五五年、彼の色彩版画の回顧展がブダペストで行われたとき、中国の大使も招かれた。これが機縁で、今度は彼が、国賓として中国に招かれ、一年間をかけて、十七の都市で展覧会をひらく。一世紀に一人の色彩木版画名匠賞を彼が受けたのもそのときである。この旅の道すがら、彼はモンゴルでも展覧会をした。ゴビ砂漠では百人位のモンゴル人が焚火をしていた。一人の男がシャーマンの衣をつけて祈っている。動物の犠牲《いけにえ》の式である。ハンガリアの古代、白い馬を犠牲として献げたという話を思いながら、彼はその式に与《あずか》った。式は夜を通し、日の出までつづいた。それから、ウランバートルで展覧会がひらかれた。裸足《はだし》の徒歩の人、馬や馬車でのりつけた人、そして無数の駱駝《らくだ》が広場を埋めつくし、火と煙を焚き、彼が大理石の階段を上りつめたと思いきや、彼その人に向かって、シューという口音を立てながら、一斉に脱帽敬礼して挨拶をした、というのである。

「誰もその理由を知らない」と彼は言う。期せずして起こった異様な出来事であった。「われらの祖先が帰ってきたのだ！」それがただ一つの理由だったようだ。

もう一つの白い鹿は、彼自身の内的森の神秘的鹿である。この二つの鹿は一つに重なる。彼の描いた一連の鹿をながめていたとき、私はそこに、崩壊を越えて、人類の新しい地平に向かって変貌しながら走りつぐ、歴史の本体的魂を見た。

『白い鹿』の版画

「この鹿を、日本に連れて帰りたい」と私が言った。

「里帰りするのか」と彼が言った。

「本にするかもしれない」

「版画の横に、あなたの筆字を書いてくれ」

日本に帰って間もなく、この話を聞いた製版会社の社長さんが、その本は私にやらせてくれ、と申し出た。こけし職人の息子で、父のかけがえのない作品を、血で知っている人である。この話を彼に持って行ったこけし専門家の友人が、編集にあたることになった。そして、最初に紙の問題につきあたる。

現代文明は、建築においても、衣類においても、食べ物においても、過去の伝承を破壊する。しかし、近代化合理化の精神によって、存在への根づきを忘れたこの文明は、未来に向かっても何も遺さないのである。奈良時代の文献は、当時の和紙ゆえに、今に伝え得るが、現代の洋紙は、おそらく一世紀を待たずに分解を始めるであろう。歴史的な仕事であることを自覚するほど、来るべき世代に伝えうる紙は重要なことであった。

仕事は私どもの欲する紙を作りうる人を探すことから始まった。そして、紙を入手したとき、この紙を現代の印刷機は受け付けないことを知った。第一、このような仕事を誰が引き受けるのか。しかし、日本にはまだ、まごころが残っていた。校正刷り機で、手刷りのように、この仕事を引き受けるグループが現れた。白黒の版画はこれで問題が解消した。カラー印刷のほうは、最高峰のM会社が昼夜兼行の作業に移った。基本色四色が八色に増える。期せずして、現代日本が、文明の限界に挑戦することになった。しかしこの場合、紙は洋紙の他はないのである。

崩壊的文明を脱出するには、もとより人間的苦悶では足りない。しかし、存在の神秘の地平を開顕《かいけん》するために、その扉を叩きつづける者の息《い》に載《の》るものが、いのりである。崩壊の彼方への祈りである。

広島、長崎には、既に原爆が投下されている。

十

ベンガル（バングラデッシュ）のチッタゴンの近くに回教徒に囲まれた仏教徒の村がある。そこに、今は大僧正である一人の僧侶が、昔、街路で孤児と生活を共にしたことから生れて来た孤児院がある。その朝も、大僧正だけの使うバスルームを使わせてもらいに、そこを訪れた。泊った農家の近くにも池がある。アヒルが泳ぎ、その糞で水がみそ汁状になっている。子供が表面のごみをよけながら、顔を洗っている。私にはそれが出来なかった。村にはどこへ行っても池があり、そこで洗濯も水浴もするし、お勝手道具も洗う。田圃の隣りには水の干された泥沼があって、蓮《はす》に似た葉の植物が生え出ていた。牛の食料である。それをとったあと、どろどろになって、人が魚を手掴みにしていた。

孤児院の料理場は、小さな小屋がけで、大きな薪《まき》かまどが一つある。それだけが、二百人の料理をつくるただ一つの道具である。

先生と話しているうちに、学校が始まった。孤児院が学校であり、僧院である。子供達が合唱し始めた。私の覚えたてのベンガル語に唱和して叫んでいた子供達もそこにいる。ふと胸がつまってきた。タゴールの歌なのである。

わが愛慕して止まぬ、
黄金の国、ベンガルよ

私は、先生に、子供達の歌と踊りを見たいと所望した。

その日の午後、大僧正の応接間の隣りの小さな教室に、子供達がぎっしり集まった。私達と子供達の間には、狭い所で一メートル半、広い所で三メートル半の空間しかない。そこが舞台である。この前のチッタゴン州の大会では、一番から三番まで、ここの子供達が独占したと話していた。

手風琴のようなオルガンがあって、先生がそれを奏し、二、三人の子が先生と合唱する。そして、チャンパという一番になった女の子が踊り始めた。音楽と歌と踊りが一つに溶け、彼女は、静かに自分の踊りの中に吸いこまれていった。私の目も、彼女の動きの全体と部分の流れを追いながら、その中に次第に吸いこまれていった。習った踊りを踊っているのではなかった。ほんとうに、彼女の魂が踊っていた。この土に古くから流れて来た隠れた生命が、今あざやかに燃えていた。

タゴールの心底に溢れ出たであろう涙が、私の顔の上を滂沱《ぼうだ》として流れて行った。

わが愛慕して止まぬ、
黄金の国、ベンガルよ

公演のあと、バブーという友人の青年が、青ざめた真剣な表情で話し始めた。涙をこらえている。

「――今から六年前、その頃、孤児院には文字通り、食べ物がありませんでした。ある日、よその子供達が踊りを見せにきて、私達はしきりにアンコールを叫びました。私達は、院長の僧侶の所へ行って頼みました。『兄さん！（孤児達は僧侶をそう呼ぶ）お願いです。僕らは、ものを食べなくてもいい。お願いだから、あの手オルガンを手に入れて下さい。僕達も踊りを習いたい。そして、もし三年経って、どこかへ行って、

バングラデッシュにて

アンコールを言われなかったら、もう弟と呼ばれなくてもいい』。兄さんは、どこでどうしたのか、手オルガンを持って帰って来ました。それが、このオルガンです。……僕達は夢を果たすことができなかった。だけど今、僕は、目の前で、この夢の実現を見ました。僕は、いいい、い、い、いいようもなくしあわせです」

夕食はふつう夜の九時頃である。それまではあまりに長かろうと、その日、バブーの家では、客人である私に特別にお茶をふるまってくれた。私の皿には、たなごころ一杯のあられと小さなバナナが一本と、それにビスケットが二枚。バブーの皿にはビスケットが一枚。他の四人はただお茶だけ。私は皆に言った。

「バナナを分けて、みんなで食べましょう」

バブーの姉が包丁をとりに行って、バナナを六つに分けた。風にのって、また、あの歌が甦ってきた。

村はずれには、限りない地平が拡がっていた。見渡す限り、静寂の闇であった。その中に田があることを知っている。多くの田で、今日一日中、縄をつけたバケツで、池から水を汲み上げていた。私は、印度のサルナットで出会ったベンガルの青年のことを思った。どうしても自分の村に来てくれとせがんだ彼が、この闇の中のすぐ近くに居るような気がした。幼時のころ、大地をたなごころで叩いて遊んだことのない自分を思いながら立ちつくす。

体力の衰えた老農夫が、こんなことは好きではないけれど、この頃は五馬力の耕運機を使わせていただいています、というときのように、合理的効率も節度があれば、ときにはよいかもしれない。合理をはるかに超えた世界を見事に演出したスペイン、バルセロナのガウディの建築の場合のように、物の豊かさも、かけがえのないことの創造に注がれるならば有難い。しかし、そうではなく、物的量産のための物的量産にのみ献身する合理主義万能によって、古き土と、その土に隠れて流れる生命のひびきとを失った、故国の砂上の楼閣を思いながら、タゴールの愛惜の情とは、全く色調の異なるいとおしみが、生き身の底にうずくのをきいていたのである。

赤道直下

野口英世が黄熱病研究に殉死したコルレブを含む首都アックラに着いたのは、七月初めの夜であった。摂氏二十七度、風は涼しかった。出迎えてくれた招待者は、飛行場を出て車に乗るまで四回握手をした。車に乗って、また握手をした。

「昨年の今頃は地獄のようでした。野原は見渡す限り、やけていました。どこにも食べるものがなかったのです。今年は雨が降りました。農作物が出来てみんな笑っています」

彼の言葉で、私は皆一日に三回食べているのだと思った。夜道を重いものを頭に載せて歩いている人々の列の意味が分からなかった。運んでいるものが、今日一回の食事のための食糧、燃料、水であることも知らなかった。

二時間半足らずの道程で、十回検問があった。住民は物の不足に苦しみ、政府はクーデターを恐れていた。

西アフリカ、ガーナの精神指導者達は、何故、遠い日本から私を呼んだのか。東南地方の基地に着いたときから、私はそのことを考えていた。この国の人々にとって重要な意味を持つ会議の前に、この精神指導者達は、数日のお籠《こも》りを共にしてくれ、と達《たっ》て願ったのであった。彼等が、ただ無心に、先ず、心の深みに沈みたい気持がよく分かった。

私は時間の合間を見て、西南地方の金鉱を訪れた。市街地を出ると、相変らず舗装道路には、あちこちに大穴があいていた。大きな木を頭に載せて歩いて来た男の子達が、私を見るなり、口々に、「ブルーニだ」と叫んだ。白い人間だ、という。白んぼという感じではない。感嘆の表情である。

金鉱のあるタクワの村では、一人が言った。

「この丘の下、あそこに村人が掘った跡があります。あそこを一メートルぐらい掘ると、金かダイヤモンドが出て来るんです。しかし、掘ったのが見つかれば銃殺です。随分多くの人が殺されました」

金鉱は国営であった。私は細部にわたっての見学が許された。そこでは、昔なら捨てていた〇・〇〇三パーセント含有の鉱石から、純金を抽出していた。人々は三交代で、二十四時間ぶっ通しで働いていた。

「これだけの資源と、これだけの技術があるのに、ガーナは何故こんなに貧しいのか」。私は自問した。何かの秘密が隠されている。しかし、たとえこの秘密が何者かによって暴露されたとしても、最後の答えにはならない。アフリカが何であるかを悟るまで、問題の解決はない。

基地の隣村は、千二百人位の聚落《しゅうらく》であった。四つの氏族から成っていて、私が問いかけた氏族は二百五十人であった。従弟《いとこ》の子供同士は結婚出来る、と言った。こういう聚落が五つ合わさったのがこの部族であり、彼等だけの言葉を持っていた。部族にはこういう小さいものから大きいものまである。聖書のアブラハムの時代にいる思いがあった。

しかし今、西欧的国家機構の枠がはめられた。いくつもの同じ部族が分断された。

お籠りの帰途、ケープ海岸《コースト》の奴隷貿易の城を訪れた。百人の奴隷が閉じこめられた狭い空間のいくつかを見た。反抗奴隷が飢えで殺された個室も見た。そしてここで初めて、地下に雨水を溜めて飲料水とする、どの村にもない施設を見た！

金とダイヤモンド、象牙とココア、そして高価な奴隷の貿易のために、築城と戦争が続いたのだ。ヨーロッパから来た人間達が、部族同士を策略的に戦争させて捕虜をつくらせ、その捕虜を奴隷としてアメリカに売った。

それなのに、怨恨は遺っていなかった。ある人が言った。「奴隷貿易は摂理的だった。あれがなければ、アフリカの黒人は決して、歴史の表舞台に顔を出すことはなかったろう」。

そうかもしれない。小学生の舞踊の中に、世界中の若者を捉えたジャズの根源を見た。

お籠りが終って別れる日、最後の一言を交わすために、数人の指導者が私を囲んだ。私は言った。「あなた方は善良すぎます」と。一人がじっと私を見すえて言った。「善良すぎますか？」

子供達の三分の一が死亡する地方で、私は一日に三回、立派な食事をした。それが彼等の喜びであり誇りであった。帰国前、コルレブの海岸を歩いたとき、野口英世が自らに実験の注射をして死んだその心を確認した、という思いがあった。

私を覗き込んでいた子供達の目が忘れられない。地上の人間の歴史が終結し、すべての主張が沈黙したとき、この目こそ、何かを雄弁に語り始めるだろう。

まごころと事業

私の所からイスラエルに勉強に行っている青年より、便りが届いた。ベタニヤの村に住むようになって以来世話になっている同国在住の井上文勝という建築家が、広島市近隣の黒瀬町に建つアウシュヴィッツ記念館を設計することになり、そのために一緒に帰国する、ついては是非彼に会ってもらいたい、世界的なヴァイオリニストのアイザック・スターン氏もこの運動に協力することを承諾したが、この音楽家にも会って話してもらいたい、というのであった。

どういうことかよくわからなかったが、恩返しを頼む、という意味であると思い、私はこの申し出を承諾した。A新聞が氏のチャリティ・コンサートとその後のレセプションを主催することになり、そこに出席することもあわせて了承した。

十年ほど前、中近東和平の中核をつくってほしいという要請に応えて、イスラエルに行ったことがある。そのとき、私はベトレヘムの洞窟で、ミサ直後に、急性肺炎で倒れた。当時、イスラエルは戦争中のために戒厳令が布《し》かれており、夜間の外出は禁じられていた。穴だらけの肺を持つ者にとって、肺炎は命取りである。私は戒厳令の解かれる翌朝まで、待つよりほかはないのだ、と悲愴な気持で自分に言い聞かせていた。そんな私に、遠い町からわざわざ来たあるユダヤ人夫妻がそっと近づいてきて、「さあ、行きましょう」と言って、戒厳令を冒《おか》して救出してくれたのだ。折よく、この恩人夫妻も来日していた。私は彼ら夫妻とも、チャリティ・コンサートの日、広島で落ち合うことを約束した。

ところが、広島へ出発する直前に、夫妻から出席できない、という便りが届いた。この夫妻は、どちらの家族も、アウシュヴィッツのガス室で死んでいる。遠来の客は、当日は当然、記念館の土台の定礎式やそれに伴う行事があり、そこで死んだ家族や友人達のために祈れるものと考えていた。しかるに招待者側に尋ねてみると、定礎式も、そうした祈りの機会もなく、ただスターン氏のコンサートとレセプションのみが開かれることを知ったので出席しない、というのである。

私には、彼らの考えがよく理解できた。そこで招待者にあらためて連絡を取り、祈りの機会があるかどうかを尋ねると、コンサートの日の朝、記念館設立予定地に是非来てほしいという。私は何らかの公けの祈りの機会のあることを期待し、恩人夫妻の欠席の意図を承諾する一方、彼らには「心で私に同行して下さい」と返事をしたためて広島に出発した。

恩人夫妻は既に年老いていて、今回が最後の日本訪問になるかもしれない。私としてはあらゆる犠牲を払ってでももてなそうと思いながら時間の都合がつかず、私の草庵に一夜お迎えしただけであった。しかも翌朝は、どうしてもはずせぬ所用があり、私は夫妻がまだ寝《やす》んでいる間に出掛けねばならなかった。そのときは、広島でもう一度お会い出来るのがせめてもの償いになると考えていただけに、今度の独り旅は気が重かった。

広島の催しの発起人となった井上文勝氏は全く人の善い壮年の建築家であった。広島の宿に着くと、彼はすぐコトの経緯と、なぜ私を招いたかを説明してくれた。彼は少年の頃、アウシュヴィッツの事件を知って動転したという。それが縁で自らイスラエルに移り住むようになり、この地で勉強するようになった。彼に建築を教えた恩師も、家族をアウシュヴィッツで失っていて、他界する前に、「アウシュヴィッツの出来事は、ユダヤ民族の問題であると以前は思っていたが、そうでないことに気付いてきた。この問題は、人類の次元において受け取らねばならない。私は、この新しい意識化のために働くことは出来なかったが、あなたにこの仕事を托したい」との言葉を遺したという。

一方、日本においても、一つの潮流が見られた。昭和三十七年、佐藤行通《ぎょうつう》氏ほか三名が広島からポーランドのアウシュビヴィッツに向かって、七万キロの徒歩の旅に出発している。翌年、広島に「ヒロシマ・アウシュビッツ委員会」が発足。その趣意は、現・黒瀬町町長花房脩宗氏をはじめとする町の人々に受け継がれた。花房氏は自らアウシュヴィッツを訪れ、昭和四十八年には、黒瀬町とアウシュヴィッツ〔現オシフィエンチム〕は姉妹都市となり、それから十年後の五十七年に「アウシュヴィッツ記念館」の設立が決定する。

その決定の前後、イスラエルのテルアヴィヴでは、世界各国の政府代表を含めての「虐殺防止国際会議」が開かれた。が、いくつかの政府からは、脅迫の手紙が届けられた。わが国の某問題を取り上げるなら、必ず報復をするとか、誰それの生命は保証しないとかというものであった。井上氏は日本人を代表してこの会議に出席し、会議の報告を黒瀬町に送った。折り返し、町からは氏が日本に帰国した折、報告の翻訳にどうしても不明のところがあるから町にお寄り願いたい旨の連絡があった。

氏は日本に帰国した際、黒瀬町に行き、平和記念館のプロジェクトを知る。東京駅のような建物の設計図も見せられた。正直言って、それは感心できるものではなかった。氏は率直に意見具申した。その結果、設計を委託される。しかし、設計プランなど、ただちに頭で考えて出来るものではない。井上氏はそう断りながら、帰りの飛行機の中で、ナプキンにデザインを始めた。数ヶ月後、一つの図面が生れる。

井上氏は、この運動の積極的な世話人となり、その後、スターン氏に応援を求めた。氏は二、三回の面談で承諾した。氏の夫人の家族は、アウシュヴィッツの犠牲者である。A新聞社もこのことを全面的に取り上げ、黒瀬町と共に催しの共催者になった、という経緯であった。

さて、演奏会は大成功であった。そしてそれが、原爆犠牲者のためのものであり、アウシュヴィッツを記憶するための事業でもあることが公けに明示された。殊にアンコールに応えて、ユダヤの作曲家の手になる、アウシュヴィッツ哀悼曲が奏でられたとき、会場は祈りに包まれた。

しかし、それでもなお、私の心には満たされぬものがあった。記念館の設立事業の中心に在ることは何なのだろう。犠牲者の慰霊であり、その犠牲の重さを生き身に引き受けることではないのか。その痛みを生き身に負う犠牲者の親族や友人とこの慰霊を共にすることが、まず第一にあらねばならない。

ところが、この催しでは、遠い国から手弁当で参加した犠牲者の家族や友人達は、当事者から公けの挨拶もコトの次第の説明も受けなかった。あらかじめいくつかのパンフレットが配られていたが、それでコト足れりというものではあるまい。一行が記念館の建設予定地を訪れたとき、テレビや新聞の記者たちもスターン氏と黒瀬町長だけを囲み、表面的な報道材料だけを追い、彼等は完全に無視された。共に沈黙し、瞑想し、祈る時間は、ついにひとときも与えられなかった、のである。

全く驚いたことに、一度も祈ったことのない人々が、この事業を推進しているのだ！

一人のユダヤ老婦人が、私の前で呻くようにつぶやいた。

「こんなはずじゃない！」

演奏会のあと、レセプションになった。その席上、スターン氏は、広島市や黒瀬町の役人に囲まれながら、壇上からコトの経緯と催しの意味を公けに訴えた。会場に残っていた人々は、やっと成程と納得した。しかし、スターン氏一家、ピアノ伴奏者、日本ユダヤ人会会長夫妻、それにイスラエルの文化相夫妻を除いて、すべての犠牲者の親族はもう退席したあとであった。

私は、一人の新聞社幹部に言った。

「建物を建てる、ということ自体には、大した意味はない。それが大切なことの表現であるときに、初めて意味が生れる。アウシュヴィッツ記念館を建てる、ということは、この事件の痛みを生き身に運んでいる人々と、痛みと祈りを共にすることから始めねばならんのじゃないですか。こういうまごころがなければ、この事業は意味がありません」

彼は、そのときは、私の言葉に耳を傾けなかった。

我々は、大きな組織の中で、一つの企画に従って行動していると、何事かをしていると錯覚する。私は晴れぬ心のまま山に帰り、早速、まだ滞日中の恩人夫妻に報告を書いた。すぐに返事が届いた。

「私たちが欠席したことが、正しいことだったのかどうか、お便りをいただくまでは不安でした」

さらに、最後の一行が、私の心を捉えた。

「イスラエルに帰った後も、招待者側との議論が続行することを期待しています」

このとき、私には、あのベトレヘムの洞窟で私を抱き起こしながら「さあ、行きましょう」と言ってくれた氏の赤いまごころが甦っていた。

しかし、一条の光がないわけではない。レセプションの席上、黒瀬町の町長は、名刺を出しながら言った。

「私達は、幼稚園の園児のようなものです。どうか、よろしくご指導下さい」

もし、それが、まごころについての発言だとすれば、この事業は成就するだろう。私は招待者が、何故、自分を招いてくれたのか、やっとわかったような気がした。

まごころと人生

奈良郡山の内観寺に招かれて、自分の罪深さを味わう修行をさせていただいたとき、これから内観指導するときの心得のためにと、住職の吉本伊信《いしん》先生に伴われて、内観者方の告白を聞かせていただいたことがある。父親や母親に強い反感や憎しみを持っていた人々が、自分の立場からだけ眺めていたことにふと気付いて、父や母の隠れた存在に出会ったとき、感情の涙ではなく、全身からの涙をいただく。そんな御縁もいただいた。まごころ、というのは、小さな自我の殻が破れて、新しい光明に目覚めるときにあらわれてくるものらしい。

俺は正しい、相手が間違っている、とばかり思うところには、闇と暴力がある。

内観寺の吉本伊信氏と

自分の惨めさを、とことん味わった人は、自分を超えた広いところに出ていて、仏様や神様のいき（息）に開かれる。その人のいきが、彼岸のいきに運び取られると、いのり（いきのり）になる。その思いは、まごころの思いだ。

まごころによらぬ平和運動は、また別の闘いを生むだろう。

アウシュヴィッツ記念館設立運動発足の呼びかけに応えて広島に赴いたとき、私の心には一つの明白な思いがあった。南京虐殺、フィリピン虐殺犠牲者の記憶の提唱である。そうでないと、アウシュヴィッツと広島の哀悼は、空念仏に終るからである。

広島に着くとすぐ、私は、被爆家族を訪れた。そこで半日を過ごしたが、家族は、原爆記念館を一度も訪れたことがないことを知った。その夜は、原爆に生き残った珍しいお屋敷で、今は、碁や将棋の名人戦に使われる宿に泊る予定であったが、その近くに三瀧《みたき》寺というお寺があり、家族は私を送りがてら、その寺に案内して下さった。参詣の路には、歌や詩に托された思いが、散在する石に刻まれていた。

葱さげて　焦土のはての虹あふぐ
そのおくの　とりのくにへのあしびみち
落花急　佛々相念したまへる

ふと見ると、アウシュヴィッツから移された遺骨が埋葬されている塚があった。憤りも、恨みも、ナショナリズムもなく、広島――アウシュヴィッツを生き身に受け取る世界が現成《げんじょう》していた。一人一人の、一つ一つの、かけがえのない人生に対する哀悼があった。

有難い地下流との出会い。

かけがえのない人生は、意識の領域の思いなしで組み立てられるものではない。隠れた存在との出会いによって織りなされるのである。深く省みて、その存在から溢れてくるものを眺めるとき、それが、神からの溢れであることを悟る。仏教における互いの三拝も、この眺めのなさしめる行であり、キリスト教における「お大切」も、まさにこの眺めの生きざまである。

当時、女学生だった松本裕子さんの『私の母は広島で死んだ』という手記は、原爆下、母と逃げながら、母が死んで行った情況を淡々と語っている。その筆の単純さと、静かさが、私の心を揺り動かす。同じ地下流である。

宗教、文化、歴史の違いを問わぬまごころの地下流、そこに棹さすほかに、平和への道などというものはない。

日本人七名と、外国人八名が、南伊豆の吉祥寺で、仏道修行をすることになった。伊豆急の車中で、参加者の一人、川崎に住む、公害患者のポーランド人神父に会った。アウシュヴィッツや広島を記憶するなら、南京、フィリピン虐殺も記憶したいと話したら、栗原貞子さんという女性の詩をよんだか、と聞かれた。わずか足かけ三日であったが、修行が終ってから、彼からこんな手紙が届いた。自筆の日本語で。


――お陰さまで、有意義な一時を、上吉祥の禅寺で過ごさせて頂いたことを心から感謝します！

指導して下さった村上光照先生はとても印象深い人間ですね！　悟った顔をするのではなく、確かに、命がけで、その「穴」（彼岸のいぶきの吹き抜ける穴――筆者註）をながめようとしていますね！　このようなレベルで、人間同士のつき合いができれば、とても仕合せな世界が生れて来るでしょうね……。

「しゃば」へ戻って、約束した「詩」を贈ります。忘れないうちに！

ご計画の実現のために、少しでも助けになれば、幸いです！

「有難くて仕様がない」主の神秘を、ますます深く味わえますように！


栗原さんの詩を、略さずにそのまま再録しよう。

ヒロシマというとき

〈ヒロシマ〉というとき
〈ああ　ヒロシマ〉と
やさしくこたえてくれるだろうか
〈ヒロシマ〉といえば〈パール・ハーバー〉
〈ヒロシマ〉といえば〈南京虐殺〉
〈ヒロシマ〉といえば女や子供を
壕のなかにとじこめ
ガソリンをかけて焼いたマニラの火刑
〈ヒロシマ〉といえば
血と炎のこだまが　返って来るのだ

〈ヒロシマ〉といえば
〈ああ　ヒロシマ〉とやさしくは
返ってこない
アジアの国々の死者たちや無辜《むこ》の民が
いっせいに犯されたものの怒りを

噴き出すのだ
〈ヒロシマ〉といえば
〈ああ　ヒロシマ〉と
やさしくかえってくるためには
捨てた筈の武器を　ほんとうに
捨てねばならない
異国の基地を撤去せねばならない
その日までヒロシマは
残酷と不信のにがい都市だ
私たちは潜在する放射能に
灼かれるパリアだ

〈ヒロシマ〉といえば
〈ああ　ヒロシマ〉と
やさしいこたえがかえって来るためには
わたしたちは
わたしたちの汚れた手を
きよめねばならない

自分の国の英雄だけを祭る習慣は、どの国ももう止めねばならない。どの人間の奥にもかくれているまごころを見詰め合うことだ。そしてそれこそが、人生ではないのか。

「こよなく晴れた青空を、悲しと思う切なさ」は、どんな人間にとっても、たまらなく切ないのだ!!

八　地下流の霊性

《いざない》

宗教的伝承・霊性は、具体的な生活形態や教えによってもたらされますが、他の文化圏を経て、密かに地下流のようにも伝わってきます。西欧キリスト教の伝承も、ゴチック建築や修道会の規則などと共に東洋に伝わりました。それらが持っている西欧の合理性に苦悩した押田師は、文化や伝承にとらわれない霊的な本物を求めて旅したのです。本章はその記録です。霊的ながめに立つとき、キリスト教・イスラム教といった、表面に現れでる形（区分）を超えた本質的なものが、それらの奥底に見出されます。また、そのながめにおいては、神はむしろかむい（隠れ身）なる御者として私たちの自我の匂いが消える時に現れ、傲慢の前では隠れ去るものとなります。このかむいの御手が、高森草庵における自我を消す行持の生活に働いて人を育てるのです。師と無着成恭氏との対談も、人の育みを深みからながめているものになっています。

（宮本久雄）

宗教受納即苦悩

宗教伝承というものも、一つの固定した思想体系ではなく、また、一つの生活形態でもありません。宗教伝承の中枢というものは、それらを生み出し、それらに表現されてゆく、それらを絶えず超えている、生命伝承であります。しかし、それにもかかわらず、ある思想体系とか生活形態と常にともに在るものであって、どこかに抽象的に存在しうるものではありません。そこに、他の文化圏を経てきた外来の宗教伝承をうける者の、苦悩の一つの原因があります。

宗教的悟りや照らしへの道が、自分が生きている文化伝承とは別様の文化伝承に具現したすがたでやってきたとき、その宗教伝承のふくむ生命的真理の故に、それが托身している、文化伝承をも引き受けるべきなのでしょうか。もしそうならば、それは最初から、自分が自分でなくなることを、文化の次元において要求されることになりましょう。

文化伝承とは、その社会の歴史的博物館的富の総量ではありません。それはその文化伝承の中に在る一人一人の人間の、もののながめ方や、感じ方や、おのずからなる生き方にあらわれてくるような、そういう生活的、存在的なものでしょう。そういうような自発的な生き方や感じ方は、やめようと思ってやめられるようなものではありません。そういう在り方において、自分でなくなるなどということはありえないことですし、そう強いることは嘘を強いることです。

宗教的世界で、自分をなくする、というのは、そういうことではなくて、超越的世界に自分がひらかれてゆくときに、それを拒もうとする自我の根を絶つ、ということであります。

仏寺でけばけばしい飾り物が本堂に並んでいたり、キリスト教の教会堂で俗っぽい聖像が置かれたりしているのが、なぜなのか、わかりません。が、こういうすがたは、単に偶然的あやまちなのではなしに、もっと普遍的な問題につながるようです。

もし、私がキリスト教をうけいれるということが、私の中の、私にもたぶん気づかれずにいる、一つ一つのすべての懐かしいものを、素直に開花させてくれるのでないとしたら、これは何を意味するのでしょうか。そのような開花は、超越の世界、現実そのものの世界にひらかれることの、一つのしるしではないのでしょうか。

それは、私が仏教をうけいれるかどうか、という場合にも起こりうる問題です。歴史的時間というものが、問題所在をぼやかしているということはありますが、問題は変わることはありますまい。私にとって、仏寺には依然として、キリスト教の教会がそうであるように、ありのままの自分自身が拒み、自分自身を拒むものがあるのです。このことはまた、仏教というものが、まだ日本の文化伝承の表面層の出来事であることを語るものでもありましょう。

それならば、社会的現象としてのユダヤ、キリスト教集団を離れてキリストを自分でうけとるべきなのでしょうか。そういうことを考える人が実際におりますが、そんなことを知ろうとしますが、聖書そのものがまずそういう集団の中で神秘的に結晶してきたものです。そこで、こういう結晶と直接に個人的に対話しようとしますが、彼の前に立ちふさがっているものは、彼が対話に入ろうとしている当のものとは違ったものなのです。聖書というものは、それをどうながめるかということによって、その編集の仕方、区分の仕方がいちいち違います。西欧を経てやってきた聖書の伝承は、西欧的ながめと不可分ではない形で私たちに届きました。

一つの端的な具体例は、聖書、そのものなのです。この、神のことばのかたまりは、現在、私たちが手にする聖書では、論理的概念で、要約、区分されたすがたで提出されています。たとえば、「創世記」とか、ヨハネ福音書序言、とか。しかし、こういう態度は、ユダヤ教のトーラー（即ち、キリスト教の旧約聖書）にも、最初に書かれた福音書にも、見当てることの不可能な態度なのです。

また、たとえ、こういう西欧的屈折をのぞいたとしても、キリストにいたるヘブライの啓示伝承は、私たちの文化伝承とは違った文化伝承に托身しているものであって、創世記（トーラーでは、最初の言葉をとって、ベレッシートといいますが、それは要約的に表現する標題ではなしに、この、ことばのかたまりを示す、しるしとしてのことばです）の冒頭から、私たちには考え及ばない、宇宙観や人間観にぶつからねばならないでしょう。つまり、社会的現象としての宗教と無関係に、宗教伝承の生命的真理をうけとるということはできないのです。

宗教受納は必然的に苦悩を伴ないます。具体的に私自身にはどういうことであったかを、足早に話してみます。私に、神との合一への道としての修道生活が提示された時も、そこには同じ問題と、同じ苦悩が待っておりました。

その頃のカトリックでは、男は二十五、六にもなれば、自分の生涯について、重大な決定をしなければなりませんでした。修道の道に入るとすれば、年齢による精神的硬化が起こる前でなければならず、三十という年齢が一応の目安となっていたからです。修道生活の根本的道としては、誓願というものがあり、従順、貞潔、清貧、という三つの誓願を立てることになっています。清貧というのは、財産に関する一切の所有権、使用権を放棄すること、貞潔というのは、生涯心身の貞潔を守ること、従順というのは、自分の意志を通さず、神の示しとしての上長の意志に従うことを意味します。この頃は従順の在り方について、さまざまの神学的論議が行なわれていますが、とにかく誓願による修行の道について疑うことのなかった私は、凡人なりに結婚の可能性を断ち切ることにまず一苦労し、女性の可能性を切ることよりも、自分の子孫をもつという可能性を切ることのほうが、もっと根本的断然であることを知りました。そのようにして、自分の全存在を誘《いざな》う場所を探ねたとき、まさにそのまま自分を委託してしまうほどの、おのずからなるめぐりあいは望めないことだ、ということを知りました。

その一つの問題は、私の前に提出された修道生活が、あまりに合理的であったことです。神との合一のために、すべてを捨てた人々の衣食住の合理性であります。たしかに人々は、一切の所有物について所有権をもたず、目上から与えられた使用権しかもっていませんが、物の不足に苦しむ、というような機会における、物からの離脱というようなことは、ほとんどないようにうまく出来ていました。生活のリズムにも合理性があって、たとえば、十五分が聖書の黙想、十五分が聖人伝、十五分が一般霊的読書というふうに定められたりしておりました。私には神との合一への道というものは、もっと飄々《ひょうひょう》としているものであることの予感のようなものがありました。

私たちの修道会の根本的在り方を示すものとして、聖アウグスチノの会憲がとり入れられています。この会憲というのは、聖アウグスチノが、修道生活を始めた時に、仲間に与えたものです。その冒頭はことに、その精神的礎石の叙述でありますが、そこにはこうあります。

「親愛なる兄弟たちよ、すべてに越えて神を愛し、また隣人を愛さねばならない。この掟はわれらにとって根本的な掟である。私は修院に住む者たちがこの掟を遵守するように命ずる。

まず、汝らが一つに集まっているのは、心を一つにして家に住むためである。汝らは神において一つの魂、一つの心であるように。何物も自分のものとして主張することなく、すべては共有でなければならない……」

ここで、まどいは常に一つの家に住むこととして考えられていますが、こういう一つのまどいを実現することに十全な意味があった時代でしょうし、アウグスチノは、この時代の霊感に従っているのでありましょう。

しかし、現代の霊感は、もっと遠くに私たちを投げてやまないように思われます。一つのまどいが、そのまま全人類に投げ与えられていることを、一つのまどいが閉鎖的ではなく、絶対的にすべての人にひらかれて在ることを、求めてやまないように思われました。

二十五年間、アウグスチノの戒律を読むたびに、これではない、これではない、と思いつづけてきました。毎週一度は読むように命ぜられている、この同じ戒律に、「女性をみつめてはいけない」というのがあります。これはどういうことなのか、と長いこと悩みました。私が女性を見るのが、みつめていることである、とすれば、私は、いつもみつめていることになる。もし、そうでない、とすれば、この戒律は、私には、何の意味もない、と。ある日、仙台の電車の中で、一人のアメリカ兵が、女性をみつめているのに会いました。そして、実にそれは、とらえられてみつめている目であり、大きく見ひらいた目には情慾があらわれていました。その時、私は戒律の意味を悟ったのです。当時の日本では、こういうまなざしに出会うことは、考えられないことでした。

その頃の私は、神学的養成を受ける、ということに、明け暮れておりました。朝から晩まで、神学の講義と勉強、という日課が、来る日も来る日も、そして来る年も来る年もつづきました。

人間の知性の限り、西欧の哲学的知恵の伝承の限りを尽くしてから、信仰の奥義の世界は、それではない、といって、自らの感嘆すべき知性能力を、プイと捨ててしまう聖トマス*の、禅坊主そこのけの風貌に魅了されながらも、その神学の在り方と、東洋的魂のいやしの最後の在り方との違いを、じっと見つめておりました。聖トマスの生きていた同じ広さと同じ深さは、東洋においては、別様に表現されるでありましょう。このことは、ゴシック教会建築が、いかに感嘆すべきものであっても、そのまま日本や東洋の建築にはならない、というのと同様のことであります。

私は、おのずからに自分の部屋で坐るようになりました。つまり、総持寺の檀家に生まれた私は、そういう時、自分に一番自然な坐禅の坐りをしました。すべての現象とのかかわりあいにおいて音をたてる自我の痕跡を消し去るために、より深い沈黙の淵へと自分から落ちてゆくために、より深い沈黙への誘いに身をゆだねるために、坐りつづけました。

人々は、キリスト教の修道者である私がなぜ坐禅をするのか、どういう綜合を考えているのか、などと問いかけてくるのですが、私にとっては、病気で熱が出たときに粥と梅干が欲しくなるように、坐りはじめたにすぎません。禅とは禅那の略。禅那とはサンスクリットのディアナの音訳（禅那はキリスト教で観想といいます）。私にとってそれは本来鳥とぶようすが、花咲くようすが、人のほほえみ、泣くようすが、ことごとに、神的光の中に神的光をながめる生活のことであって、きわめて広く、きわめて深く、ただ一つの姿勢や一つの外的修行形態と、必然的に結びつくようなものではないのです。

私にとって坐りとは、ただ千仭《せんじん》の淵への落下。「主よ、主よ、何ぞ我をみすてたまいしや」。

*トマス・アクィナス。一二二五頃―七四年。中世イタリア最大の哲学者、神学者。ドミニコ会士。主著に『神学大全』など。

すっかり春になるかと思う頃、かなりの雪が降ることもありますが、そういう雪はしめっていて一日でとけてしまいます。

私はオッタワの郊外に散歩に出かけました。一時間も歩けば、人の手のつかない自然の匂いを嗅ぐことができました。春寒く、芽立ちはかすかに、全林がむせんでいました。雪解けが始まっているのです。道を上り、小川がせばまってゆくうち、ごうぜんたる音を耳にしました。数歩踏み出して目を見はりました。流れることを願い、流れることを忘れた湖底の願いをひびかせながら、大きな奔流がたじろがず岩壁を越えてゆくのでした。遠いはるかさを今にのせて、とだえることを知らない溢れが、柳は黄色くかすみ、楡《にれ》の木は赤くほのかに、二度と帰りこない時を切々と打ち、広く、さらに広く原始の森を浸しながら滔々《とうとう》と流れてゆきました。

私はほとりに佇んで、巡礼の、小さく消えてゆく頂きの方を仰ぎました。この地上にあらわれ出る巡礼者たちの群をながめました。時に向かっての重みが、だんだん重くなり、つのってゆくのを、私はいささかも疑いませんでした。

霊性ということ

有名な「第二ヴァチカン公会議」というのが一九六二年にありまして、これ以降、カトリックはたいへん寛容になったといわれているんです。この時に、他宗教の真理性も公けに認めました。そういう意味で、いろんな可能性の道がひらける可能性が出てきたわけですけど、それと同時に混同も出てきたんです。現代への適応、各地方への適応といったことも自覚的に意識化したんですが、その結果、たとえば、日本の風土に適応するためにこういうことをやってやろうという、意識の世界での営みが出てきたんです。これはね、実はぜんぜん適応じゃないんです。

たとえば、日本的典礼っていって、グレゴリアンの代わりに日本人が作った歌を使った。これで、典礼がみんなおかしく安っぽいものになっちゃったんです。それから、また、僕がある修道院へ行ったら、お琴を使って典礼をやるんです。この時は、僕はもう途中でミサをやめちゃいました。そして、お琴が鳴り終るまで突っ立っていたんです。そういうものは、自然に生まれてきたんならいいんだけど、意識的になんかやるもんじゃないんです。

キリスト教がほんとうに日本人のものになるためには、そんなことを意識的に弄《ろう》するんでなくて、まず、いま持っているものをぜんぶ捨ててみろ、って僕は言うんです。ぜんぶ捨ててみて、そこから神に与えられるものが本当に宗教的なものなんです。だから、この高森修道院では全てを捨てていきました。あれも捨て、これも捨てて、最後に残ったのが祭壇でした。ヨーロッパの伝統で、ミサをするときは必ず立ってするでしょう。僕もそうでした、カトリックなんだからね。ところが、どうも合わないんです。村のお百姓さんなんかが来てくれても、これでなるほど喜んでくれるんだろうなあって感じじゃないわけです。しかし、ほかの物はぜんぶ除けたけど、祭壇だけは取ることはできないだろうな、っておもっていたんです。だけど、ある時インドを旅行していて、大地の上でミサをやったの。その時に、ハーッと悟った、これでいいって。それからは、祭壇も除けたわけです。そして、坐ってミサをやった。これでピタッとしました。

日本のキリスト教っていうのはね、昔の殉教者〔禁教令〕時代にちゃんと日本化したキリスト教があったんです。祈りでも、本当に日本人の祈りがあった。ところが、今は駄目なんです。みんなヨーロッパの翻訳。僕のところでは、今も殉教者時代の祈りを少し易しくして唱えているんですけどね。

殉教者たちの頃は、「神の愛」なんていうのでも、「神の御大切」って訳してました。それでいいんですよ。「愛」なんておかしいんです。ある男の人が、「おたくの神様はどういう神様ですか？」って神父に尋ねたら、「愛の神様です」って神父が答えた。そしたらかれは、「いやだァ、おれ、そんなの」って言ったというんです。愛の神様だなんていうと、ラブ・ホテルの神様かとおもっちゃうんですね。僕は、その男性の気持はよく分かります。やっぱり、「御大切」の方がいいです。昔の日本には、その「いやだァ、おれ」っていうまともな感覚があったんです。今の日本のキリスト教には、その感覚がない。そして、根がないんです。

僕が洗礼を受ける人たちを見ていますと、なるほどとおもわれるような人は、みんな存在によって働きかけられているんです。思想というのは、いい意味での思想は大事ですが、キリスト教が思想の上だけに乗ってくると、これはやっぱり駄目です。ところが、近世、日本に入ってきたキリスト教は、ほとんど思想のキリスト教で、存在によって働くよりも思想の方が前面に出ているんです。その上、形が、ヨーロッパの習慣をそのまま強制するものですから、これは日本人が受けつけないはずですよね。

前に、この村のお婆ちゃんから、「先生の神様ってどういうんだよ?」って尋《き》かれたことがあったんです。そのお婆ちゃんは、いろんなクリスチャンからいろんなパンフレットをもらうわけです。神は愛なり、とか、愛とはどういうものか、なんてパンフレットを。そこで、先生、どういうことだい、ってわけ。で、まあ、ちょっと説明したら、「やっぱりむずかしいなあ。言うことがみんなちがうんだもんなあ」って言うんです。こういう人にはね、説明したって駄目なんです。そこで僕は、この村では南無阿弥陀仏の信仰が一ばん古いんですが、阿弥陀様の話を始めたんです。そしたらもう、ああ、有難い、有難い、って言ってます。そして、「ねえ、お婆ちゃん、ちょっと想像してごらん。もし阿弥陀様がね、人間の体を持って出てきて、僕たちと一緒にゴハンを食べたり、泣いたり笑ったりしたらどうだい?」って言うと、「もったいない、もったいない」って言います。で、「キリスト様ってそれだよ」って言ったら、「先生の神様が親しくなった」ってわけ。このお婆ちゃんが死んだ時に、ここの修道院の人たちがヒトダマっていうのをはじめて見ました。スーッと来て、ちょうど僕のこの小屋の前で消えた。何かの偶然なんでしょうけど、しるしとして面白いなとおもいましたけどね。

僕は、キリスト教というのは、人類の他の宗教の伝承と、見ていることは同じじゃないかとおもっています。つまり、人間の自我に死んで、神さまのいのちに生かされるってことですね。キリストが教えていることと、眺めていることっていうのは、やはり、仏様の教えと本体論は同じなんです。

ただ、キリスト教の場合は、一つ一つの存在が歴史的事件として現われるという、何かそういうひびきがあります。具体的な歴史の上のかけがえのない事件として現われる。だから、ある禅の老師が、ゲッセマネのキリストの姿を見て、何だ、これは禅の本体じゃないか、してみればこれと同じ話がお経にもあるはずだ、って言って一生けんめい何度も探したけれど、ついになかったということですが、これはキリストの十字架についても同じです。本体は仏教で言っていることと同じですが、ただ、それが現実の歴史の事件として現われてくるわけなんです。こういう事件性っていうのが、僕は、キリスト教の霊性の姿であるように感じていますね。具体性と超越性が同時っていいますか、そういう具体性が出るっていうことは、やっぱり超越性が徹底しているからだと思います。

いま、霊性っていう言葉をちょっと使ったんですが、あるいは誤解をされやすい言葉かも知れませんので、少し説明をしますと、現在の聖書の中で「霊」と訳している言葉は、ギリシャ語ではプニュウマ、ヘブライ語だったらルーアハといいます。どちらも、吹くもの、息吹くもの、息吹き、っていうことです。風も息吹きで、神も息吹きで、そういうふうに非常に具体的なひびきを持った言葉なんです。で、それを「霊」って訳しちゃうと、もうかなり観念的になってしまうんです。ほんとうはプニュウマもルーアハも具体的な事実のひびきなのにね。そのように存在のひびきを伝えているのが本来の言葉なわけですが、ヨーロッパ的っていうかギリシャ的っていうか、まあ、ギリシャといってもプラトン、アリストテレス以降のギリシャですが、かれらが出たあと、言葉の中心がそうしたひびきから言葉の内包している観念へと移ってしまったんです。その子孫が今の学問なんですけど、それはいい点もあるかわりに、ほんとうの霊的世界を語るには非常な限界があるんです。

それから、霊といった場合、日本では何だかオバケが出たりおかしな奇跡が起こったりするのを考えてしまうんですが、これもまた困るんです。あれはまた全くちがう世界です。霊性とか霊的世界とかいう時は、そういう自然的現象の中の異常なものとか、また、何か霊気を感ずるとかいうもんじゃなくて、本体的にもっと深い世界、仏様の世界とか、神の智慧の世界とか、いつくしみの世界とか、そういった通常性がそのままひらかれてゆくような深みの世界であるんです。そういう区別をきちっとすることが一ばん大事でしょうね、日本なんかの場合。そうでないと、何だか変な誤解を受けます。

もう一つ困る混同は、通常の意識で霊的生活とか聖書とかお経とかいうものをとらえた世界と、本体的な仏様や神様の光の世界とを混同することなんです。霊性っていう場合は、見ている世界は深みの世界です。ところが、最近はこの種の混同を平気でするんですね。般若心経注釈学なんて、有名な教授が平気で出したりなんかしていますが、あれはもう般若心経なんかじゃありゃしないんです。おそれいった、と言うしかありません。

プニュウマやルーアハに似た言葉に、東洋では「気」という言葉がありますが、霊性の場合の「気」っていうのは、「気」の中でも一ばん根源的な「気」ですよね。存在全体を変様させてしまうような「気」なんです。

そもそも人間の存在構造っていうのは、もちろん人間は一つだけども、幾つかの存在の層みたいなものがあるとおもうんです。そういうことを感得し、把握することが、まず必要でしょうね。で、感覚とか情緒の世界と、この霊性の世界とをごっちゃにしてしまうと、悪い意味での新興宗教になっちゃいます。また、意識の世界、普通の自覚の世界と、根本の世界を混同しちゃうと、現在の変な似非《えせ》学問ができあがっちゃうんです。そういう普通の意識のレヴェルで聖書をいくら分析しても、聖書には出会えないわけですね。意識の世界で聖書を分ろう分ろうとおもって、あっちへ回ったりこっちへ回ったりしてみても、出口はないんです。そうじゃなくて、意識の世界が完全に窓をひらいて、降伏した状態になって、はじめて深みからのひびきを受け取ることができるんです。こういう態度がなければ、聖書なんて絶対に味わえません。あれは、分ろう分ろうなんておもうもんじゃありませんよね。修行というような態度、あるいは本当の深みの世界への憧れ、求道の心、そういったものなしに、お経とか聖書とかはひらかれてこないでしょうね。

このように人間存在は多層構造を持っているわけなんですが、その各層は常にひびきあってもいるんです。そして、一度深みの世界が現われたならば、意識の世界も感覚の世界もぜんぶ変様してしまうんです。こうした変様の姿が現われた人について、「霊性家」という言葉が使われます。これを聖書の言葉でいうなら、存在の重さの人とか、ドクサを持った人とかってものですね。このドクサというのは、普通「栄光」って訳されていますが、栄光なんていうと、立派な演説か何かするとウワーッてやる、あれが栄光になっちゃうんだけど、それとは全然関係ない。そうでなくて、存在自身に内在している一つの人をほぐすような、しかも重いものね、そういうのがドクサなんです。こういう姿が現われた人についてはじめて、固有の意味で霊性という言葉が使えるわけです。ですから、それは本来外から分析して理解できるようなもんじゃなくて、同じ光、同じ存在の在り方に参与するだけ味わえるという、そんなようなものなんです。

だから、霊性神学なんていうものでもって外側からそれを研究して、それで分ったような気になってしまうと、とんでもないことになっちゃいます。霊性神学を勉強したから人の霊性指導ができるなんて、そんなもんじゃないんです。ところが、そういう混同が時々あるんです。霊性神学の専門家だからって、霊性指導をやって、結論としてとんでもないことをやってる場合があるわけ。これは素人目には分りませんが、僕から見ると、わあ、これは大へんだ、ってことがあるわけなんです。

霊的な本物とは?

カトリックには、聖テレジア*という人が修道女に向って霊的ないろいろなことについて述べた『完徳の道』とか、十字架の聖ヨハネ**という人が自分の歩んできた霊的な道をふりかえって書いた『カルメル山登《とう》攀《はん》』とかいった、霊性に関するいろんな本がありますけれども、これもね、ほんとうの霊的指導者がこういう本を使わないと、やっぱりとんでもないことになるんです。これは、難しいんです。たとえば、十字架の聖ヨハネの本を見ると、霊的な道にもいくつか段階があるように書いてあるんです。これを素人なんかが自分で勝手に読むと、おれは今どの辺にいるかなあ、なんて考えはじめるわけ。もうこうなったら迷いの世界です。そんな段階をつけるなんて表現は危険なんだけど、そういう表現がしてあるんですね。実際は、存在っていうのは、ここからここまで、なんて現象的なもので区別できるもんじゃなくて、いろんなひびき合いがあるわけで、少し深みへ進んだかとおもうと、また誘惑にあってもとへもどったり、それでも何か深みの方にはその時のひびきがのこっている、といった具合に、そんなに簡単なもんじゃないわけです。そういうことをよく分っている人が、そうした本を使って指導する場合はいいけれど、素人が読んで自分で変に考えると、変なことになってしまう。

だから、禅なんかでも、指導する場合に非常に危険なものがあるとおもいますね。たとえば、老師なんかが、おまえは見性《けんしょう》した、なんて言う場合があるんだけども、そういう小さな経験を絶対化するようなことを

* 一五一五—八二年。「アビラのテレサ」とも呼ばれる。カルメル会修道女。著書『霊魂の城』『完徳の道』等によって霊性を表した。
** 一五四二—九一年。カルメル会修道司祭。カルメル会の改革に取り組み、著書『暗夜』『カルメル山登攀』によって霊性を表した。

言ってしまうと、修行者はそれ以上進まなくなっちゃうんです。だから僕は、見性したっていう人が来ると、「そんなものに執着するな。忘れろ」っていつも言うわけなんで、本物になるためにはそういうものに執着していてはダメなんです。だいいち、見性したなんて、そんなことは語るべきことではありません。それは意識の世界にフッとふれた一つのちっぽけな経験にすぎないんです。ほんとうの霊的生活っていうのは、「あっ、悟った」なんて、そんなものじゃありません。般若の世界とか仏さまの世界っていうのは、そんなケチな世界じゃない。そういうことについて、僕は仏教の世界にもすごい危険を感じます。ほんとうの霊的指導者が指導しないと、おかしなものがたくさん出てきますね。

霊的指導者がほんとうに正師かどうかってことは、カトリックの伝承では、謙遜の匂いがあるか、傲慢の匂いがあるか、ということが一つのメルクマールになるんです。もちろん、傲慢なのは危ないわけですが、実際にそれが匂うんですね。そういうものを嗅ぎわける訓練ができていると、たとえばヒンズー教なんかによくいる特殊な神秘的な能力を持った行者に会っても、これは本物じゃない、外れている、ということが分るんです。しかし、普通の人はそこが分らない場合が多い。だから、アメリカの若い人たちなんかはどんどんそういうものについて行っちゃいます。カトリックは、そういう判断の基礎ができているところが強みです。だから、修道院なんかへ行っても、ちょっと外れていれば、すぐに匂いで分る。だから、おのずからに直されます。修道院長でも、外れていれば、それを直される。その点でヒンズー教や仏教の場合に気になるのは、一度偉くなってしまうと、それからは間違ったことをしても、下の者がなかなか忠告できないでしょう。これが困るところですね。カトリックの場合は、はっきりと忠告できるんですが……。カトリックはヒエラルキーがはっきりしている反面、そうした点は非常に民主的です。

霊的に本物の人っていうのは、謙遜であるということと、もう一つは、霊的生活の本体についての自覚があります。

たとえば、これは僕が会った日蓮宗のお坊さんの話なんですが、以前、僕がお世話をしていた娘さんがある詩人と恋愛に陥ったことがあるんです。すごい熱い恋愛で、まわりの者もちょっと心配しはじめて、御両親もまた心配になって、僕のところへ来られたんです。で、僕は、とにかく今は熱い火の中だから何を言ってもダメです、ここは時間作戦でいくしかありません、今すぐ結婚はさせないでとにかく半年待たせましょう、って言ったわけ。そして念のため彼女にも会って話をしてみましたが、やっぱり僕の言うことなど耳に入りませんでした。ところが、そうしているうちに彼女から電話がかかってきたんです。「どうしたの」って尋《き》いたら、「反省しはじめてます」って言うんです。びっくりして話を聞いてみたら、彼女の子供の頃から知っているお坊さんから電話があったって、日蓮宗のお坊さんから。そのお坊さんが、「あんたは今非常に苦しんでるから、すぐにいらっしゃい」って言うんで、彼女はお坊さんの言う通りに行ったそうなんです。そうしたら、そのお坊さんが、今まで一度も会ったことのない彼女の相手の青年のことを話しはじめて、その青年は詩人で面白い詩を書くが、だけど、その人格にはこれこれの問題がある……って、彼女はだんだん具体的にその青年のことを見せられてきたわけです。そして、最後に彼はこう言ったっていうんです、「もし結婚したら、二人とも死ぬことになるよ」って。そこで、彼女はだんだん醒めてきちゃった。そして反省してみると、確かにそういう何か危ないものを感じるんです。それで、僕のところへ電話したわけ。彼女が、一緒にその青年に会いに行ってくれと言うので、場所を約束して、僕は会いに行きました。そしたら、青年がそこで最初に言った言葉は、「西方浄土に行こうかな」。僕が、「○○子さんと一緒にか?」って言ったら、「うん」って言いました。お坊さんの言った通りだったんです。

そのあとで、彼女が、一度そのお坊さんに会ってくれと言うので、会いに行きました。会ってはじめて彼を見た時、ああ、これは本物だ、と分りましたね。ほんとうに謙遜な感じの人で、恥ずかしそうにしながら、「若い時からこういうお恵みがあることを知っておりました。だけど、そんなものは何でもないものですから、ふだんは相手にしないいんですが、人さまを助けられる時とか頼まれた時には使わせていただいております」って。で、この人がもう確かに本物であるのは、般若の光の世界で生きる仏さまの世界というものの本体に比べれば、他人の霊魂の状態をどこにいても眺められるというような特別のお恵みなどは二義的なものであること、そのことをよう く分っているんです。だから、こんなことはどうでもいいことですけど、って言うわけです。それが本体の般若の世界とは層がちがうということを、はっきり自覚している。また、自分が何者でもなくて、すべては仏さまによってこうなってるっていうことを、知っているんです。これは本物のしるしなんですね。

このお坊さんには、僕自身も助けられたんです。前にも話したように、この高森修道院を始めた頃、ヨーロッパの伝統じゃない日本人としてのアイデンティティーを保ちながら信仰を守るという新しい形をとったために、あちこちから石を投げられたりして、いろんな障害があったんです。その時、僕は何にも説明しないで、彼に尋ねたんです、「私は今の生活をつづけましょうか?」するとと彼は、何も問い返さないで言いました、「はい、お続けください。道はひらかれます」。僕はその一言を聞いて、もう何も躊躇《ちゅうちょ》しないでそのまま続けたわけなんです。僕はこの人に会ってから、仏教というものについての見方が変わりました。やっぱりこれは本物の神秘伝承だと、そんな本やなんかで軽々に判断してしまえるもんじゃないんだと……。

かつて、僕の知っている一人の修道女が非常に苦しい信仰の試練を受けていたことがありました。信仰の暗夜、って神学的に呼ぶものですが、何年もそういう暗いトンネルの中にいたんです。僕はなんとかしなくちゃいけないなとおもいながら、しばらく放っておいて、それから彼女に会いに行ったんです。そしたら、その時はもう彼女はトンネルから出ていた時でした。そして、こんなことを言うんです。

「自分の完徳、自分の完徳って、自分のことばかり考えるのは、貞潔に反しますね」って。また、こう言いました。

「これまで、あの人が悪い、あの修道女が悪い、っておもっていましたが、そんなのはウソです。私が、悪いんです」

これはね、道徳的な意味で言っているんじゃないんです。ほんとうにそう感じているんです。自分がもしほんとうに神と一致していたならば、全てはこんな状態ではありえない、したがって、私が悪いんだ、こういう見方に入ってくるわけですね。これがほんとうの霊的な見方であって、また、キリスト教的な見方なんです。だから、私がいて、あなたがいて、そこで私があなたに親切にするなんていうのは、それは自然的な親切の次元であって、まだキリスト教とはかけ離れているんです。宗教的な親切はそういうものではなくて、他人の十字架をほんとうに自分の十字架としてしまうことなんですね。だから、「私が悪い」と言って、その責任をとるんです。これは、神さまの息吹きに生かされている一つの姿です。キリスト教ではこれを御大切と言いますが、それはもうキリストの贖罪の精神と全く一つのものです。そこでキリストはこう言っているんです、「私はあなたがたに新しい掟を与える。私があなたがたを御大切にしたように、あなたがたも互いに御大切にしなさい」と。

キリストとは誰か？

キリスト教っていうのは、結局、キリストを生きることなんで、それがいわゆる「キリスト教」というものになると、もうキリストから離れてしまうような気が、僕はするんです。聖書の中で、サマリアの女が、「私たちはこの山で神を礼拝するが、あなたがたはエルザレムで神を礼拝する」って、イエズスに言った時に、イエズスは、「この山にもエルザレムにも関係なく、ただ霊と誠とをもって神を礼拝する時が来た」と、答えています。だから、民族の区別とか宗教の区別とか、そういったものを超えたところにキリストの存在理由があるんです。したがってキリスト教、キリスト教っていうような意識があまりに出ているところには、かえって、キリストを十字架にかけるものがあるんじゃないかという気がしますね。キリスト教的優越感とか、キリスト教だけが唯一の宗教だとか、そういうのはどうも賛成できない。おれんとこが本当で、おまえんとこは間違ってんだって、それをやり出したらきりがない。そんな世界じゃないわけね、キリストの十字架の世界っていうのは。かえって、そういうものが一切死んだ世界です。やっぱり、キリスト教の本体は何だっていうと、ほんとうにキリストに与っただけ見えるんであって、キリスト教ってものを一般化して定義付けて言ってしまうと、いろんな誤解が同時に起ってくるとおもいますね。キリスト教の信仰ってものを誰がどんなふうに表現したって、それは絶対的じゃないわけです、表現としては。どんな人間がキリストを受け取ったって、それはやっぱり相対的なんです。

そこで、そのキリストとは誰かということですね、これは回避できない問いなんだけど、われわれは神の手、神の手そのものとして受け取っているわけです。神の手そのものが彼の人格の中核っていうか、彼のパースンは

高森草庵のお聖堂にて

神の手そのものなんだという、その自覚と洞察がキリスト自身の言葉にも出ている。だから、殺されたわけです。弟子たちが受け取ったのは、そういう神の手そのものとしてのキリストだから、これは現象論とか比較論を超えているんです。偉い人とか偉くない人とかいうような、そんな次元を超えたところの一つの破れとしてキリストを受け取るわけ。キリストが誰かより偉大だとかそうでないとかと、比較なんかするというのは、人間の現象的な意識の次元のことであって、あからさまな破れとしての彼の本体とは何の関係もありません。ですから、キリストとは実は何者でもないんです。ただ、神の手、なんです。それを、ほかの宗教との比較なんかで論じはじめると、また横道に入っていってしまうわけですね。

キリスト教というもののなかで、僕がいつも強く感じていることは、あの秘蹟ってものです。パンとブドウ酒を指して、これは私の体、私の血、それを食べなさい、とキリストが言った、あれはやっぱり永遠の公案ですね。フィリピンへ行くと、いつも人でいっぱいの教会が二つあるんですが、一つの教会では奇跡が行なわれるんです。ところが、もう一つの教会では、聖体の秘蹟っていうものがいつでも存在している。その奇跡の起こる教会は、何か人間的で透明さがないんですが、聖体の教会の方は実に透明で、礼拝している人たちに自分てものがないんです。だから、秘蹟ってものは、やっぱり神の傑作だとおもいますね。人間には作れないものです。私を食べろっていう、あれはすごい公案で、僕はカトリックとかキリスト教ってのはあれが中心になるんだとおもいます。

救いっていうことですが、時々、「植物人間になってしまったような人はどうやって救われるんだ？」といった問いを出されることがあります。まあ、植物人間になった場合は、自分が主体的に信仰に関わることはできませんね。だから、やっぱり、共同体の神秘的なまどいの中でみんながその人を運ぶということになるでしょう。一つのまどいっていうか、コミュニオンっていうか、そういう共通のお命に生かされている者たちのあいだでは、そのうちの一人が願うことは、ほかの人ぜんぶが願ったのと神の前には同じひびきを持つんです。そういうことがあるから、死んだ人のために祈るってことが意味を持つわけで、でなければ、そんなものはただ気安めにすぎなくなります。それから、大事なのは、植物人間になる前にその人がどういう状態にあったかということですね。ほんとうにはっきりした神への委託の心、方向性、まなざし、そういったものを持っていたかどうかが大事なところです。それは、意識の次元で持っていたかどうかではなくて、存在の次元でのことですけどね。神が眺めているのは、存在の次元なんだからね。存在が神に対して開いてさえいれば、意識はなくったって、神のひびきを受け取ることができます。

それから、植物人間ではなくて、ただ病気や障害を持っているっていう人の場合は、判断力なんかも普通の人と変わらないわけですから、どんなハンディキャップがあろうと、普通の人と同じように主体的に信仰に関わってゆくのは当然です。そしてその関わり方は、ある意味では、その苦しみが大きければ大きいほど、それを逆に転換してゆくこともできるんです。ただ、その転換をする場合は、必ず神のお恵みによるわけで、その人の努力だけではできません。やっぱり、仏教でいう啐啄同時《そったくどうじ》です。

それから、次に、「絶対に救われない人はいるか？」という問いがあります。これはね、われわれ人間の立場からは何にも言えない。われわれには、そんな人を裁く権利はぜんぜんないんです。聖書の中では、七つの悪霊に憑《つ》かれた女といった、全く絶望的な人から先に救われています。誰も希望を感じなかった人がまず救われているわけで、これはもう存在そのものの中核にある逆説の神秘です。人間の意識や論理じゃ決して分らない。しかし、そうかといって、地獄があるというのはやはり確かなようで、この頃は地獄なんかないという神学もあるけれど、それはちょっと言い過ぎじゃないでしょうかね。事実としてそういう場合はありえます。たとえば、人をむごたらしく殺すのを見ながら酒を飲むというようなのが、ギャングの親方なんかに時々います。残酷に死ねば死ぬほど、酒がうまいわけ。これは、単なる悪じゃない。ふつうの悪とはちょっとちがう世界ね。こういう人がどうやって救われるか？　その人がそのままピストルで撃たれれば、もうその状態のままですからね。やっぱり、木が倒れたら、倒れる方向のままに倒れるんで、霊魂の状態ってものも死の時の状態で決まっちゃうからね。そういうきびしい現実があることも、事実です。しかも、最近はそういう悪魔的なものが子供のなかにもひろまってきています……。また、われわれだっていつ自分がそういうおぞましいものにならないという保証はないわけで、だからこそ、祈りとか仏さまに合掌する気持が出てくるわけでしょうね。カトリックでは、死ぬ時に、神さまのことほぎの中で死ねますように、という祈りを絶えず唱えるんです。

しかし、植物人間の場合でも、救い難いようなおぞましい状態で死ぬ人の場合でも、究極のところは、われわれ人間には分らないんです。その人の救いに関する最後のカードは、神さまが持っているんです。その最後のカードがどんなカードか、誰にも分らない。ただ、僕らが考えているようなもんじゃないってこと、神の慈悲っていうものはそんなケチくさいもんじゃないだろうってことは、味わえますね。

今の時代は、深みへの志向の時代だと言えます。その方向以外に、現代の危機を打開する希望はありません。だから、諸宗教の対話なんていうのも、結局、深みへの志向なんです。それぞれの大きな伝承は、本来ひびきあうものであって、お互いにかけがえのないものとして尊びあったらいい。ヴァチカン公会議の、救いは他の宗教によっても成就する、という発表も、そういう態度の表明なんでしょう。それは、どれでもいいなんてことじゃないけれども、大きな伝承については、それぞれ神からのものとして合掌するわけですね。

で、仏教、キリスト教、回教という大宗教についても、お互いに学び合うべきところが現実にある。キリスト教徒は仏教の托鉢の行なんかをやってみることによって、キリスト教の本体的なものがよく分ってきます。また、仏教はともすると、行は行、生活は生活、というふうに修行と生活が離れてしまうようなところがありますが、そこはキリスト教の伝承の方がまだうまくいっているので学んだらいいし、歴史に積極的に関わっていくという点についても影響を受けざるをえないでしょう。それから、回教は、大衆の生活イコール修道生活になっているところに非常な強みがあって、これは狭さもあるかもしれないけど、何か生きているものを感じます。

それぞれの宗教の中から本当に底の抜けた人が出てくれれば、その人が中心になって真の対話ができてゆきます。そういうふうに深みにおいて一つになること、それ以外に核戦争をのり超える道はないでしょうね。

心の時代から霊性の時代へ

一、まごころ、ということ

ベンガル語に、一字で「深い心」という意味のことばがある。これは日本語で表現したときの深い心とは少しひびきが異なっているようだ。それは、標題で表現した「霊性」の領域を指示している。仏教的に言えば、「無」の境地を現成しているときの心である。どうやらわれわれは、日常的意識の中でことばを使用しているので、ことばの本来のひびきは受け取られないままにやりとりされて来ているのではなかろうか？　殊に現代における日本語はそうであるにちがいない。療養の床で窓の外を見ながら、ふとそんなことを思った。もしかしたら、まごころということばもそのうちの一つかもしれない。このことばもベンガル語の「深い心」をながめていることばなのだろうか？　たしかに霊性の深みでのみ、真実の心になりうるのだから。

二、まこと

こと、という日本語は、漢字で書けば、言とも事とも書けるものなのだろうが、これは、何か、一つ一つのかけがえのない存在とのひびき合いの音を連想させる。それなら、まこと、即ち真実なコトとは何なのだろうか？　ここでも仏教的表現を使えば、「無」の境地に存在するひと（霊止）の、受けとるコトなのであろう。キリスト教的に言えば、「味わう光」（サピエンツィア）における、かかわり的ながめ、自由のひびき、なのである。

まこと（真《ま》コト）と一つに存《あ》るこころのすがたが、まこと（誠）なのだろうか？　自覚的にそのような日本語が生まれたのでないにしても、ひとの心は、おのずからに、そうあるべきことを洞察して来たのではなかろうか？　そんなあるべきすがたを求めながら、まこと（真コト）、まこと（誠）と、いろいろな状況で繰り返して来たのではなかろうか？

三、何故「心の時代」なのか？

何年か前、ＮＨＫの「宗教の時間」という番組が、確か「こころの時代」という番組に変った。その最初の放映に出演したことがある。その頃から、しきりに何処でも「心の時代」と言われるようになった。物質的考え方、金銭的考え方にあまりに流されて来た今、これではいけない、心を尊ぶ方向に帰らねばならない、という呼びかけでもあり、このむなしい状況の中で心豊かな本来の人間のすがたをなつかしむ自覚の声でもあった。

しかし既に、「心の時代」という声は殆ど人々の注意を引く力をもたない。物質主義的金銭主義的な時流は、滔々と勢いを増し、邪悪な力そのものと共に、最後の激流が人間社会を押し流そうとしている。人間の良心、思考、行動、協力、訴えが、時流の底まで届かぬうちに、瓢々《ひょうひょう》と飛び去ってゆく。何故なら、こういう良心派の人間自身、未だにどこかで現代学問を信じ、現代科学、現代技術を信じ、組織を信じているからである。そして、これら現代学問、科学、技術、組織を杖とし、武器として、政治的幻想と企業的欲望的野心とが、すべての存在を断崖へ追い込むことを止めない。「心の時代」は一つの夢だったのだろうか？

四、「霊性の時代」の必然性

人間の活動、生きざまのいろいろの分野について、「霊性の時代」の必然性を論ずることが出来るだろう。が、この小文では面倒なことだが、特に一つの分野、つまり西欧的近世、現代の一つの特徴である、論理的科学の分野、しかもその一部の物理学の分野に関連して一言してみたい。

現在のヨーロッパに住む人々にとって、ギリシアというのは、自分達の文化の源流としての懐かしい名である。ギリシアよりも古い文化の根の残っているライン川源流の村の人々にとっても同じであった。縄文に似た、その古い文化は、自分達とは異質なものである、と感じていた。そのギリシアと言っても、いわゆる自然哲学者達の古いギリシアではなく、プラトン、アリストテレスあたりが彼らにとって代表的ギリシアなのである。その時代において、天は神的なすがたであって、天体の運行は正に神の力を現すものであった。そしてその運行は完全なものだから完全な形、すなわち円でなければならなかったし、同じ速度で回転しなければならなかった。

しかし、洋の東西を問わず、人間には好奇心と探究心とがある。ヨーロッパでのこれらの心の発露は、天体の事実を追求するための観察から始まった。そして観察事実の説明は、法則による解明となって現れた。その代表者がたとえばプトレマイオスである。近世への転移点でコペルニクスがまた同様な試みを行う。そしてケプラーという天才的努力家に至ると、正直で徹底的な計算が導入される。ニュートンが新しい視野を開いたのは、このケプラーの業績を足台にしたからである。更にガリレオが、単なる観察ではなく、実験、ということを始めた。天体から脱して力学的物理学が現れた。そしてニュートンが、万有引力の法則、という自分と宇宙との出会いを語った。物理学の伝承が流れつづける。その伝承の中で、一つの精神が固定化してゆく。法則的現実を、量的に計算して説明する、という精神であり、説明出来る筈だという確信である。この精神が昂《こう》じて、微量なる世界、即ち、原子の世界の探究に至って、自己欺瞞的要求を真理の名に於て提出せざるを得ないようになった。それは、たとえば、物質の最小の構成要素の原子は物質の感覚的性質の最後の根拠であるから、そこには感覚的性質というものはあり得ない、とか、説明は量的に計算出来るものでなければ権威がない、とか、或いは、電子、陽子、中性子は物質の究極的構成要素だから、それ自身空間的構造はもちえない、とか、というような要求である。原子に最後に与えられた属性は、空間的位置とその運動の仕方だけである。

西欧の物理学的伝承は、論理的科学が幻想に終ったことを示したかに思われる。原子の世界の観察が、外部から厖大《ぼうだい》な力を加えての観察であることを思えば、その客観性や真理性を論ずることはむずかしい。研究の状況を根本的に反省するには現代の科学者達に、哲学的洞察が欠如していたことも指摘される。

そもそも、物理学とか化学とか生物学とかいう区別そのものが既に幻想的ではないのか？　土は物なのか？　水は？　火は？　土は物ではない。それは、主体性をもっている一つのいきものである。自分でないものを自分に同化してゆく主体者である。

科学的幻想的状況を、動かしがたい真理の鉱脈と信ずる迷信は、今、霊性の光によって、そのヴェールを剝がされなければならない。人間が科学的幻想によって自然存在から取り出したものは、自然存在達に害毒を与える。その筆頭は核分裂生成物〔プルトニウムなど〕である。

五、霊性的ながめ

科学的探究が即ち幻想だというのではない。探究に絶望したようなときに、ふと探究者に与えられる出会いには、存在のひびきが伝わっている。こうした探究者は存在への畏怖を自らに運んでいる人であって、古典的発見というものは、こういう人に与えられるものである。しかし、精神の傲りが普遍化し、科学が精神の傲りによって幻想化している現在、存在のながめについての、霊性的洞察が必要である。

自分の目にうつったままを基本的事実と断定し、それに自分の予想を導入しながら計量して、自然の本来のすがたを自分の手中にしようとするのは、如何にも愚かなことなのである。

目にうつるままでは、庭に咲き出たクロッカスは私ではない。論理というのは、その断定を原理とする。そしてこの断定の上にクロッカスと私の関係を論ずる。この高原のクロッカスのあざやかな色に感動するのは、私の感情によってである、などと言う。クロッカスの主体性と私の主体性とはちがう。しかしこの二つの主体性は別々に孤立してあるものではないことを知らねばならない。先ず、この二つの存在の間に、存在としてのひびき合いがある。だから、私の感動の波動となって現れるのである。この高原の気と光とを感じとっているのは私だけではない。クロッカスもそれを受けとって生きている証しを、その鮮明な色彩が示している。それを感じるから私の心が動くのだ。一本の草花は、ただ受動的に在るのではなく、そのおかれた環境に対して、主体性を以て反応する。一本の草花なりの喜びと悲しみ、苦しみと希望がその存在の歴史に刻まれている。私たちの存在は、それに端的に共感する。その人間に欠陥がない限り、そのような共感をもつ。これは思いなしのことではない。クロッカスの主体性と私たちの主体性、そしてその主体性の在り方は違う。しかし違うままに、存在がひびき合うのである。

たしかに、存在がひびき合う共同領域が在る、ということもある。私たちは特別な自覚性をもった動物だが、私たちのこの主体性は、植物的主体性を内包していなければ成立しない。だから、クロッカスの生きざまは他人ごとではない。だが問題は、われわれの目に直接ふれ、すぐ判断出来るこうした在り方の問題だけではないのである。

諸天体のマクロの世界から、微量の世界に至るまで、孤立して存在しているものは一つもない。互いにひびき合っている。このひびき合いの根拠は何なのだろうか？

私のながめていることに近づくために、一つのイメージとして男性と女性との存在関係を考えて見よう。男性は女性ではない、ということも一つの真理だが、男性と女性とは二つの孤立した世界ではない。切り離すことは出来ない。男性の存在理由の中に女性の存在理由が含まれているし、女性の存在理由の中に男性の存在理由が含まれている。存在の世界では、われわれの目にうつる論理的すがたに則して、常にそれを超えるすがたが更に深くそこに根ざしている。

高森草庵に咲く野の花

存在と存在とのかかわり合いや、それによる流動のすがたの原理的ながめとして捉えた陰陽のながめは、この男性と女性との存在関係を存在一般に於て洞察したながめだと言える。論理的幾何学的物理的にわれわれが仕組んだ運動はすべて不自然で、陰陽の原理でながめる動きとは、別の世界である。

論理を超えた陰陽のすがたは、既に、存在の超越的すがたを映している。しかしすべての存在が、存在するということにおいて持っている超越的すがたとはどういうものなのだろうか？

クロッカスに限らない。石でもいい。私は何故、石とひびき合えるのだろうか？　人間が作り出す物は、常に並列していて、内的に存在全体を以てひびき合うことはない。それは、本来の生れた存在ではないからである。与えられた本来の存在は、すべての存在と共に超越的なものであって、互いに存在として存在の超越性において含み合っているのである。これがひびき合いの根拠である。

私と石とは、存在として含み合っている。しかし一つに融合しない。存在の超越的すがたとしての含み合いと共に、もう一つの顔がある。それは張り合い、とでもいうべき、一つに融合することを拒否している、独立のためのある抵抗的すがたである。存在が存在としてもっている、この含み合いと張り合いの超越的すがたの中に、二つの主体性がひびき合い、かかわり合うすがたが捉えられる。

一つの存在の、その存在に特有の、含み合いと張り合いの根拠のすがたにその存在の本来的性質があらわれている。性質のない存在などというものはない。そして存在たちの超越の段階に従って、相互の含み合いと張り合いのすがたがあらわれる。

地上のすべての本来の存在は、かくて、この宇宙の、このみどりの星に、この宇宙のすべての神秘に孕《はら》まれて共に生きているのである。共にかけがえのない存在として、共に存在させられ、生かされているのである。論理的幾何学的に説明し、計量によって法則化しうるような世界とは、全く無縁な超越的存在界なのである。

この存在界には確かに論理的幾何学的法則的な顔がある。人間はその顔を追い求めた。わかるに相違ない、と。自分達が、存在界とは全く無縁な世界にさ迷い始めたことには少しも気付かずに。いや自分が神になってしまっていることに、今も気付いていない。電子や陽子や中性子によって、すべての事象を説明しようと思うとは、何と暗い、孤立した穴に住みついたことか。このミクロの世界の探究において、現代物理学は、主観、客観を分けることの不可能を自認せざるを得なくなった。客観の中に主観を導入すれば客観はぼやけ、客観がぼやければ主観の立場もなくなることを不可避的に凝視させられた。かくて主観なる神は消えたのである。この神が消えたことを自覚せねばなるまい。

わかった、と思うと、つくってみたくなる。何もわかっていないのにわかったと思うと、おぞましいことをする。物理学者達は、他の分野の幻想的科学者達に悪い前例を与えた。おぞましい産学協同が始まった。

まごころがなければ、まことは現れない。謙遜な砕かれた心がなければ、存在との出会いはない。本来の探究は、すべての存在を与え生かす御手への畏怖のうちにのみ可能である。そして存在の本来のすがたは、霊性の小径への深い参入のうちにのみ、啓示されうるものなのである。

自由にかかわり、自由にながめ語る故郷へ早く帰ろうではないか。所詮、文明の幻想はむなしい。好むと好まぬとにかかわらず、それは崩壊する。

闇の神秘

独りよがりの闇

――人間は、闇の中に入った時、恐ろしさを感じますが、光の無い所に独特のものを感じるのではないか。これは、存在の神秘と何か深いつながりがあるのではないでしょうか。

闇と光というのは、人類の伝承の中で、いちばん中心的なもの、中心的な課題といっていいでしょうね。これはただ、人間の宗教的な探求にあらわれるということだけではなしに、日常体験としても、昔は、闇の中の星というのは、船で行く人、あるいは砂漠で旅する人の羅針盤の役目もしたし、それから時刻の役目もしたし、時計の役目もした。それから季節の移り変わりを知る役目もしたし、天地のいろいろな異変とか何かを予知する、一つの予感の窓のようなものでもあったみたいです。それだけではない、歴史の予言というようなものの響き合う場所でもあったでしょうね。つまり現代人が闇と光として考えるものとは違う何か、闇の中にも光の中にも存在の神秘感としてとらえるものがあったんだろうと思います。東京なんかではもうそういう感覚はだんだん薄れていると思いますが、バングラデシュのような、地平線までずーっと田んぼや畑だという状況の中では、この闇と光の神秘というものを毎日、感ぜざるを得ませんね。

ただこれが闇でこれが光だというような、近代的な理念の説明の世界だと、闇があるから光がないと、光があるから闇がないというようになるわけですね。ところが我々が、例えば光があるというようなところには、実は闇がますます深まってしまう。本当の意味の人間にとっての光が現われない。

やっぱり闇と光の中には逆説的な神秘があるんですね。そこで人間の知恵というもの、人間の立場からみた知恵というものを無明として、明かり無しというようにとらえる仏教の立場が出てくるわけです。これは仏教だけではない、宗教の立場というのは、人間が人間として〝こうだ〟と独りよがりに確定するようなのは、まったくそれは闇なんだ、無明なんだというのですね。

これはどういうことかというと、例えば、学問的な探求で何かまだわかっていないものが闇だとすると、それをだんだん極めていくと何か見えてくる、そこに光が出てきたというような、こういう闇と光の関係があるわけです。しかしこういうように、人間がわかるという環境にとどまっていると、今度は人間の世界だけになってしまって、もっと奥にある光が見えなくなっちゃうんですね。

これはキリスト教で言えば、ヨハネ伝の「神の光明が無明に照ったが、無明はこれに届かなかった」ということです。キリストの受難というのも結局それなんですね。キリストは神の光明それ自身であったんだけれど、それが単純におのずからに語ると、それは人間の無明とは相容れない光だったから拒否されたんです。そこで、まったく自分の光に死んで、つまり無明に死んだものだけが、その闇の中でこの神の光を受け取ったという、これが十字架の神秘なんですね。

これは十字架だけではない、仏教でもそうです。やっぱり無明に死して、そこから脱落した時にだけ般若の光にあずかるということなんですね。だから、闇という問題を取り扱う時には、このもっとも深い般若の光の世界、神の智慧の光の世界というところまでいかないと、我々にとっては問題を極めつくさないことになりますね。

宗教書の中には「闇の中に行く」という表現はあちこちに出てきます。聖書では、例えば詩編という、詩の形で述べている祈りの中にも、これはユダヤの神秘伝承の中にあるものですけど、「私が闇の谷を通っても私は恐れない。神が一緒におられるから」という、こんな表現がありますね。それから、十字架の聖ヨハネという、この人は近世のカルメル会の神秘家ですが、やはり闇の大事さというものを語っていますね。それは今の無明の世界、驕りの世界から脱落した状況のことなんです。これは本当の闇への招きですよね。

それは自分の自我が本当に死ぬために、招かれる闇なんです。そこではなぐさめが何にもなくなるんです。霊的なぐさめも、信仰の自覚もなくなる。これは、すべての本当の意味での神秘家が通る闇なんです。ところが神のお命に生かされるためには、この闇のトンネルを通らなければいけない。

この闇のトンネルというのは、いろんな形で一人ひとりに与えられるんですね。例えばこの世の中で、暴力にしろ交通事故にしろ、病気にしろ、身体障害にしろ、全部それはこういう闇への招きの縁《よすが》なんです。そういう闇の神秘へのいとぐちというのはいっぱいころがっているわけ。そしてそういうものの外に修行があるわけではないんです。むしろそれにどうやって、本当にまごころをもって取り組むかというところで、無明の闇に落ちるか、またはそこで自我が死んで本当の光の世界に展開するかが決まる。

十字架と復活というのは、これは単にキリスト一人の出来事ではないんです。自分が与えられている十字架は、もうどうにもならないんだという真の闇の中で、転換が起こるんですね。ですからキリストがパンをとって、これは私の肉であなた達の食べ物だから食べろと、私を食べろと言ったその意味の中心にあるのは、闇への招きなんです。これは仏教で言う、心身脱落、脱落心身なんていうのより、もっと日常的なんです。

だから坐禅ということをやっていても、単に、意識に響くような世界で、何か神秘体験があったとか悟ったなんていうのは、まだ本当の闇には届いていないんです。本当の般若の光というのは、そんなところにはないんです。この闇の神秘を知らないで、一所懸命、自分が空想した脱落を考えているだけですから、これは本当の光の世界から較べると無明の闇の世界なんです。この闇の世界は、祝福のない闇の世界なんですね。

まだ本物の世界を知らないんです。

それはどういうところで見分けられるかというと、その人の謙遜な態度に注意しなさいと言うんです。その本当の光の世界に開かれて、祝福された闇にあずかっていくほど、その人は謙遜になるはずなんですね。ところが現代は光、光、光という世界ですね。で、光を求めるほど闇になっている。正に無明の世界なんです。全部、人間中心です。だから神秘が無くなるんですね。そして存在が希薄になるんです。

銀座へ行って、夜どおし明るい空を見ていると、本当に存在が希薄になりますよ。それで、高森へ帰ってきて、真っ暗闇の美しさというのですか、このごろ高速道路が通ってあの暗闇が無くなってきたんだけれど、このまったく暗い、夜の暗さの祝福というのを、本当に感じますね。あれは私達の存在がまだ闇についての神秘感を持っている、という証拠なんですね。

祝福された闇へ

――意識の響きも返ってこない闇を、むしろ祝福の闇というんですね。

そう、意識の響きが中心的に感じられるうちはダメ、そんなの祝福の闇ではないんです。人間の無明の闇というのは、一番その根に人間の人間としての傲慢、驕りというものがある。そこからいろんな種類の闇、無明の闇が出てくるわけです。だけど、それが転換された時、初めて祝福された世界に入るんですね。だから、世の中で闇と言っているのは、人間にとっての光に対する闇だったんです。そして光を求めるほど闇が強くなる。これが現代文明ですよね。ところがそれとは全く違う闇と光、全く違う世界があるんです。

　では、その祝福された世界への転換というのは、日常の世界ではどういうふうに現われるだろうかというと、例えば、夫婦喧嘩しますね。夫婦喧嘩して傷つけ合う、お互いに傷つけられたと思っている。ところが、お互いに自己主張しているんです。みんな、自分の立場から見た夫であり、自分の立場から見た妻なんですね。それで、主張するほど傷が増えるんですね。これは要するに無明の世界なんですよ。

　親子の場合は、たいてい親に責任がありますね。子どもはまず、生まれたらお乳をもらうことを期待するのは当り前だし、寝かしてもらったり、抱いてもらったりというのは、存在が期待するわけですね。ところが期待したものを与えない親がいたとしたら、子どもはやっぱり受難者ですよね。だから、そういうような場合は夫婦喧嘩の場合とちょっと違って責任は親の方にある、子どもの方に怒る理があるといえるわけですけどね。だけど、そういう場合でもよくしらべてみますと、自分の親、例えばお袋を眺めていた眺め方というのは、自分の立場から見ていたんだなと気がついてくることがあるんですね。

　そうなると、別のものが出てくるんです。例えば、今まで自分は受難者だと思っていた心の傷があるわけ。ところが、それが別の心の傷になるわけ。今度は、何か癒しの心の傷になるの。それまで自分の気がついていなかったお母さんに対して手を合わせるようになった時には、もう前の自分から見ていた自分の傷ではないんですね。それは、ほころびの傷なんですね。そこに人間の問題の解決があるんです。

　みんな自分の立場から要求してますよ。夫婦喧嘩でも親子の場合でも。親の恨みでも何でも。みんなそれは無明の世界のことがらなんです。しかし一つの事象をその理由といっしょにながめることを知ったら、変わるわけです。これは無明の闇、傲りの主張の闇から別の世界に入るんです。

　人間は単に感覚的存在ではないけれど、まず、感覚を通してもの想う存在ですよね。それからいろいろなことを反省して、じゃあ俺はこうやろうとしてやる主体性がある、そういう判断とか意志とか、意識のある存在ですよね。ところがこれだけが人間だと思うと、とんでもない、無明になってしまうわけですね。人間の存在はもっと深いんです。その奥にもっともっと深いものがあるわけです。

感覚といったって、ただ甘い辛いだけで制御できるような感覚ではなくて、甘さの中の辛さ、辛さの中の甘さというものを悟れる舌なんですよね、人間の舌は。この意識の世界にしても、論理でもっていろいろ分析してわかってしまうというような、そんな安っぽい無明のお化けの世界ではなくて、洞察というのは何か啓示を与えられたように与えられるものだし、出会いの世界だし、論理の世界の奥に非常に深い洞察の人間の世界が開かれるわけですよね。さらにその奥に全くそういうものの届かないことほぎの闇の世界があるんですよね。僕らはそれに根を張っているわけです。

この人間の姿そのままどれも抽象しない、それを反映するような仕方でしか本当の人間の幸せが、未来というものが約束されないわけで、今の文明は表面だけに、意識とその上のところだけに集中しているから、全部が抽象化しちゃったわけですよね。だからこれからやっぱり、ことほぎの闇の世界への復帰ということがなくてはいけないですね。

その闇の中に行った時には、淵の奥から響きを受けることになるんです。俺が、俺がというにおいが全部消えるんです。それが脱落ということの内容なんですね。そこにはじめて本当の意味の人生が始まるんですよね。祝福された闇へのあずかりということが始まるんですね。

日本語では愛するると書いて愛《かな》しむと読むでしょう。あれはどういうのかというと、人のかなしみ、子どものかなしみ、友達のかなしみを自分の外に見ないんですね。そのかなしみが自分のかなしみになった時に、愛しむという言葉が出るんだと思いますね。

これはもう、無明の世界、自己主張の世界、自己の立場から見る世界のかなしみではないですね。これができる人が社会の責任者になるべきなんです。愛しめる人が、初めて社会の責任者の資格があるわけ。金の都合ができる人じゃないの。

そういう愛しむということの全然ない人が、社会の責任者であるということのかなしさ、しかもこういうかなしさを人々が知らないかなしさ。これが現代の民主主義というインチキ社会の様相なんですね。

これはさっき言った無明の闇だけの世界です。そこには解決もない、癒しもない、何の進歩もない。ただ虚しさが発展するだけですね。だから、祝福された闇の有難さを、もっともっと味わうことをしなければならないのであって、そのためにはなるべく人間の光を制限して、本当の闇を増やさなければいかんのですよ。

祝福された闇の中にいること自体、すでに神の光の中にいるということなんです。その光というのは、我々が、ああ光だ、なんていうふうにとらえられるものではないんです。だから、これが光だなんていうことを言い出すのは、インチキ宗教なんだ。光は、祝福された闇、人間の意識の響きが届かない真の闇の中に、すでに現われているものなんです。

これからの世界は、こういう智慧の光によってしか開拓できないでしょう。この無明の世界の傲慢を少しずつ減らして、なるべくおのずからの生活に帰っていくこと、こういった方向に行かないといけないでしょうね。

これからは、祝福された闇への憧憬の時代に移らないといけないと思います。この闇には何か燃え立つものがあるようです。それは消えることのない炎のようなものでしょうか。

心が傷つくということ

心というものには深さがある

心が傷つくという時、それは自分が感じ、自分が言っているのである。身体の場合ならば、多くの場合、他人も認識出来る。しかも、一人の人間が、そう感じそう言う場合でも、その時その時で一様ではない。人間関係や環境の条件が、その時その時で違っていることもあるが、それだけではない。心というものには深さがあって、いろいろの深度で心が働くのである。

だから、心が傷つくということについて、一律一様の言い方は不可能なのである。ただ、今は、心が傷つく、という場合の二つの大きな類型についてだけ物語ろう。

先ず、一つの類型は、自我ある故に、心が傷つく場合である。現代社会で問題になるのは、ほとんどこの場合である。自分の理想に従って想い、自分の希望に従って望み、自分の考えに従って主張する時、自分の理想や希望や考えを、他人も共にしてくれることを期待する。ことに、常日頃親しい人や、身内に対して、当然のことのように期待する場合がある。この期待が大きい場合ほど、そして、親しい人や身内の拒否が明確なほど、心は打撃を受ける。理想主義パパや教育ママなどにも、こうしたすがたを見る。一人一人のかけがえのない道の自主性に委せる信頼と忍耐、という基本的態度に欠けるのである。一人芝居に気付かない。自分だけが受難者と感ずる。

それなら、客観的に言って本当に受難した、と傍から見得るような場合はどうなのだろう。たとえば、夫の浮気を知った妻の場合。当然期待すべき信頼を裏切られたのであるから、心が傷つかぬなら異常だ。この場合は、身体が傷ついた時のように、客観的手当が必要だ。時間も掛けねばならない。夫の治療が第一で、夫の治療なしに妻の治療もない。しかし、この場合にも、二つの類型がある。

純粋受難者として相手を攻撃することに専念する場合と、何故こうなったのか、と自分の事のように内省する場合とである。前者の場合には、自分に責任があることに気付かないであろう。

全く違った心の傷が開花する

更に純粋に受難者と言えるものに、子どもの場合がある。

小さな子が親に要求するのは当然であり、自分で食べられぬとき、乳を求め、歩けぬとき、抱かれることを求め、困ったとき、指示を求める。これは自然の理である。成長して、自分で食べ、歩けるようになっても、二、三歳までは、母親が常に傍にいて保護してくれることを求める。社会性を帯びてからも、何かがあったら直ぐ飛び込んでゆける母の懐が必要であり、五歳ぐらいになれば、真面目に父親との対話が始まらねばならない。

幼児期に、こうした何かを欠如すれば、傷はその生き身に刻まれる。人間一人の成育の為に、健全な家庭環境がどれ程大切なものか計り知れない。こうした欠如は、ものごころついた子どもに、直接、心の傷を与える。父親でなかった父、母親でなかった母に対して恨みに似た気持ちを持つ。自分の父と言えば、そういう父を思い、自分の母と言えば、そういう母を思う。それは、いつまでも癒《い》えぬ傷となる。

しかし、こうした純粋受難の場合にも、二つの類型の神秘が匿《かく》されているのである。

自分が母にしていただいたこと、迷惑をかけたことを真剣に細かく調べて行くうちに、自分の母と思っていた人は、実は、自分の立場から見た母であった、ということに気付き始める。そうするうちに忽然《こつぜん》として、自分の知らなかった母の存在が、眼前に現われる。そこで一八〇度の転換が起こる。諸々の存在によって生かされている自分のすがたが見え始めるのである。一輪の花にも、有り難さ故の涙が零《こぼ》れる。全く違った心の傷が開花する。その傷は祝福《ことほぎ》の花である。

自我によって生きる嘘の人生の心の傷の類型が消えて、生かされて生きるもう一つの人生の、心の傷の第二の類型が始まる。癒《いや》しというものは、そこにしかない。

自分の心に、悲しい事件を引き受けて負う傷もある

たとえ、子どもの時に母に捨てられた場合であっても、胎児の間、臍《へそ》の緒を通じて同じ一つの生命を生き、祖父母や親戚友人の反対を押し切って、自分を殺さずに生んでくれた母、狂気のようにさ迷いながら、自分を孤児院の修道尼にあずけてくれた母、その、どうしようもなく切なかった心を思うとき、やはり、自分を捨てた母に対してさえも、合掌するようになるのである。

こうした、生かされている有り難さに生きる人に悲しい事件が起こったとき、自分の心に、それを引き受けて負う傷もある。彼が悪い、その家庭が悪い、その学校が悪いというとき、いいえ、私が悪いのです、と本当にそう思う心、自分がもっと生かされていたら、そんな風にはならなかった筈《はず》だと、自然に感ずる心の傷である。この心の傷を愛《かな》しみ、と言う。

長野県では、妙高の災害、八ヶ岳の災害、御岳山の災害、といわゆる近代的開発によって、何回も、同質

の災害事件を起こしているのに、少しも、それを真面目に反省しなかった。傷を受けるような心はどこにもなかった。今〔一九八五年〕夏七月末、長野市上松の山崩れで、松寿荘という老人ホームの老人たちが生き埋めになったが、知事は、被害住民に対する補償問題が出たとき、自然災害だ、と発言した。曰《いわ》く、「これほど大規模な地滑りになるとは全く予測出来なかった」（『朝日新聞』八月三日）。こういう人が知事であり、こういう人が知事である、ということに傷つく心を人々は持たぬのである。こういう事実こそ、恐ろしいことなのだ。

かむいなる御者

かむいとは〝隠れ身〟の意味である。やまとことばの〝かみ〟は、上《かみ》ではなく、むしろ〝かむい〟からきたものと思われる。やまとことばはもともと観念ことばではない。かかわりから生まれるコトことばである。言は事であり、事は言である境涯である。私にとって、観念的ことばとしてのかみ（神）は、何のひびきも持たない。

私にとって、私の生涯を、たゆたいつつ、よろめきつつ、それに賭けさせられている御者《おんもの》は、実は、かむいなる御者である。

何故に、かくも私を誘いたもうのか、と声をかけても答えたまわぬ御者、しかも、この多情多感なる者を、この世の絢爛から、砂漠の孤独に誘いたもうた。世の常なる修行の道ではよしとされず、絶えず、そうではない、そうではないとささやかれつづけたのである。砂漠は安息の砂漠ではなく、十字架の重さの、いよいよつのりゆく小径。行くみちもたえ、ただ空を見上げるばかり。人の人としてのすがたが死に、すべて虚無化する世界の真中に、叫ぶほかになすべきこととてない。まさに荒野に叫ぶ声のようになった。

かむいなる御者はかむいなる御者である。私が自分から隠れるほど、この隠れたもう御者は、あらわとなる。私が、これでよし、と思う間は、死したもうた如くになる。私の誘われの道は、かくれんぼごっこの連続であった。自分の思う世界――もとより、この世の世界でもないが、またこの世の世界とは違う、とみずからの思う世界とも違う――の実在を覚えるには、繰り返しが必要であったろう。

死に直面して、貧しき人々のものではない教会のすがたをながめ、死ねないと思い、まことに不思議に死のすがたから甦って、無償なるものの重さを味わった。しかしそれから一年半、無理な修行生活がわざわいし、再び死の不安に直面して、そのかけがえのない無償なるものを無駄にしたと思ったとき、自分のよしと思う世界、神にささげたと思っていた自分の生活からも脱落した。空の空なるものを見た。「わが誘いは、汝の使徒的善意にあらず」という声を、あらわに聞いた。

そうではない、といわれて、「では具体的な道は」ときいても、答えはない。ただ人並の道を歩むばかり。東方の博士たちの事情がよくわかる。彼らは出発前に、はっきり声をきく。そのしるしを、はっきり星に見る。だから出発した。しかし、それからは、具体的なしるしは何もない。だから、ベトレヘムでその同じしるしを見たとき、「彼ら、いたく喜べり」とある。

どうしてもできないことはできない。司祭になる前、カリスのために献金を受けた。金属で金メッキのカリスをつくることは、どうしてもできない。私のまごころには、それは嘘のしるしだからである。何でも話せる友人に、このことを話した。彼は私から去っていった。ヴァティカン公会議の始まるころである。私の馬鹿正直がかえって災いしたのか、司祭にはなったが告白の権能をもたない中途半端な状態で、業半ばにして日本に帰らされる。アラスカの雪の山々は、霊魂の暗夜の沈黙を湛《たた》えていた。日本のカリスのために山口県の萩へ旅したとき、ミサのあと、香部屋で一人の老婆に告白を乞われた。私は、告白はきけないといった。老婆の絶望のすがたがあらわだった。二度とこのことを繰り返したくなかったので、上長に、大司教から告白をきく一時的許可を願ってもらった。私には、普通の権能が与えられた。それですぐに、あと始末の試験をうけた。

星は現れない。時は、星の現れと具体的には常に符合しない。時は現象的時ではない。星の現れは、単なる現象ではない。時も星も、永遠なるものである。時のなかに在ること、星の現れのなかに在ることは自覚していた。上長に語りかけたとき、すべてはすでに備えられていたように道が拓けた。

それから、かむいなる御者の御手を、日常的に体験することになる。

新しき、この御者のための土地との出会いがあってから、私は病床で、十万円の夢を見た。十万円あれば、古材でお聖堂が建てられるだろうと想った。その翌朝、同病の患者が、私の個室を訪ねてきた。「これから、宗教の勉強をしたい。教えていただきたい。志のしるしを受け取っていただきたい」。彼は一封を置いていった。なかには十万円が包まれていた。

それから二十年の間、私は常に同じようなことを経験してきた。余裕があるときには何も起こらない。何かをし始めて、行き止まりにきたとき、必ず同じようなことが起こった。これは、正確には、かむいなる御者の御手との出会いというべきではないかもしれない。御手につかわされた何かとの出会いというべきなのだろうか。

聖人たちが、何故、無一物を求め、不安定を求めるか、何故、健康よりも病気を望むのか、わかるような気がする。

かむいなる御者は、私の周囲に共同体を生みながら、共同体から規則による安定性を退けられた。一人ひとりのかけがえのない道に合掌することで足りる、といわれた。無規則の不安定性には、彼岸よりのやすらぎがある。しかし、この不安定性とやすらぎに生きることが、どれほどの犠牲を要求するか、ということを、年とともに、痛烈に経験した。いつわりの霊につかわされた者も出入りするようになり、よき霊とあしき霊の判別を正確にすることを強いられるようにさえなった。

かむいなる御者は、未来の保証からも私どもを遠ざけたもうた。一切の長期計画は止めよ、といわれた。年金と健康保険をめぐって、町役場とは調和的交渉ができない。そのときそのときの最も大切な必要に、誠実にこたえることがもとめられた。そのようにして何年かを生きて、うしろを振り返るとき、かむいなるみ旨が、おぼろげに見えた。

それぱかりか、無一物を大切にすることは、大勢の者が一個所に集合することを許さない。道を求めて集まる者を次々と散らした。司祭や修道者になりたい者は、既存の修道会や教区に送った。ただ、ここの生活で誓願を立てたい、という者の誓願の動機が、純粋に霊的なものであるときのみ、それを受け取った。人の目には何もかもなくなっていくように見えた。しかし、驚くべきことを経験するようになった。世界中どこへ行っても、この円《まど》いを生きる者に出会うようになった。昨年の秋、ローマの本部から、スペインのマドリッドにおけるドミニコ会の宣教総会に、是非とも出席せよとの要請をうけた。その総会の結論にも、私の受けた霊感と同じものが現れた。

すなわち、現代の人間は、何らかの制度的機構（institution）に属している。それは、あるいは会社であり、あるいは学校であり、あるいは、教会である。教会は、そのなかで、主要なるインスティテューションではなく、むしろ二義的なものである。したがって、信者は、自分が信者であることを実感できるような生活ができないでいる。信者が、そこに生活の根拠をおいて自分が信者であることを自覚できるような共同体が、どのような形であれ、生まれ出ねばならない。これは、緊急の必要事である——というのである。

この誘いの道に出発する以前から、かむいなる御者は、私に、日本の典礼の必要性を見せたもうた。それは、無一物の生活から生まれ出る底のもので、数年で、意識的に構成したり、作曲したりするようなものではない。現在の日本の教会の典礼のようなものではないのである。私は、この道行でも、私のまごころにひびかぬものを捨てていった。そうではない、という内なる声に従っていった。こうして最小限の必要に到達したとき、一つの石につき当たった。祭壇である。当時、ミサはまだ立ってあげられていた。祭壇は、立ってミサをあげるためのものである。十畳間ぐらいの狭い聖堂の板敷に皆が坐り、私が立っているのが、いかにも不調和であった。皆が木の幹に腰かけるようにしてみたが、ぴたりとはいかなかった。インドに旅をして、まったく無一物の環境でミサをあげたとき、目がひらけた。それ以来、私はこの土地では、坐ってミサをあげており、祭壇は、厚い木の板一枚である。そして外国へ行っても、許されるときにはそうしている。今、このような単純な様式が、世界中に拡がっている。

この巡礼の道行で、聖書をよむことは、欠かせぬ一つの要素であったが、ただ、かむいなる御者に支えられての生活のなかで聖書をよむとき、ヨーロッパ流註釈学のあさはかさ、愚かさ、傲慢さが、手にとるように見えてくる。何ごとも、人間がわかりうる、という人間的傲慢に支えられた、現代的似而非《えせ》学問に成り下がった聖書学が、聖書を聖書でないものにしてきてしまった。かむいなる御者は、聖書の復元《もと》を要められている。

しかし、かむいなる御者との直接のかかわりあいの原点は、誘われるままに生きること、何かをすること、そのことなのではない。目標は、かむいなる御者、そのものである。自分自身が十分自覚できない、自覚的に目ざすことのできない、与えられるべき新しき名前、新しき自分に現成《げんじょう》し了《おわ》ることなのだ。どのように生きるにも、何をするにも、より深く、かむいなる御者に向かってまっすぐに落ちてゆくこと、そのことなのである。その落下がはたらきであり、神秘体の交わりなのだ。

《対談》 彼岸なる世界への旅（押田成人＋無着成恭）

教育と科学の行方

押田　個人的な事柄なんですが、無着先生が教育の現場からお寺さんに入られた動機というのをお尋ねしてもよろしいですか？

無着　第一に、私はお寺に生まれて育ちまして、仏飯で育ったということがいつも心の片隅にあったからですね。寺に生まれ育った人というのは、ほとんどの場合、最終的には仏教、つまり宗教というのがなかったならば人生はないのだというところに回帰するような気がします。

それともう一つは、現代の学校教育における宗教教育というものへの関わり方にとてもがまんがならなかったからです。どういうことかと言いますと、戦後、新しい憲法の第二十条で信教の自由が謳《うた》われ、教育基本法第十五条で公立の学校および公共施設では特定の宗教教育・宗教活動をしてはならないということが謳われましたね。その二つのことは実はとても積極的な意味を持っていたわけです。というのは、宗教は人間の魂あるいは人間の生き方に関わることなんだから、それは宗教家に返さなければいけない、国家権力が宗教教育をしてはいけないのだという観点が貫かれていたからです。ところがそれより以前、慶応時代の神仏分離の政策や明治時代の廃仏毀釈が行われた時に、日本の神道こそ最高なんだということで、仏教をはじめとした他の宗教や思想はレベルが低いというふうに日本人を教育してしまいました。そして、国家権力は天皇陛下を現人神《あらひとがみ》という信仰の対象として民衆に押しつけ、同時に、天皇家からも仏教を取り上げてしまったのです。その結果、日本人から本当の意味での宗教生活というものがなくなってしまい、以来、日本人は世界でも珍しいほど無宗教的な人種になってしまったわけですね。こういう歴史的背景があって、戦後の日本の教育界では、かえって教育基本法の宗教教育をしてはならないという部分の、国家権力がしてはいけない、国家権力がした時にロクなことがないという積極的な本当の意味の方を忘れてしまって、戦前・戦中の暗い記憶から来る、宗教教育というのはおそろしいものだとか、あるいはうしろめたいようなものだとかという、そういう非常に特殊な精神状況がつくりだされてしまいました。それにがまんができなかったのです。

私としてはもう一度寺に戻って本当の意味での宗教活動というものをしないといけないのではないか、それは私自身に与えられた役割なのではないか、と思うようになりました。それで、私にお寺をくれるという話が出てきた時、これはお釈迦様が「お前、やれ」と言われているんだなと思ったんです。

押田　なるほど。天皇制の問題は、天皇制を利用して何かをしようとした背後のものを自覚しないと、またいろいろな錯覚が出てきますね。神道そのものは私は非常に宗教性があったと思うんです。だけど、国家神道となってから、それがなくなってしまったわけですね。だから、そういう背後にあったものをやはり日本人は糾明《きゅうめい》しないといかんと思いますね。今また同じような精神性が日本を変な方向にもっていこうとしていますから。本当の宗教者というのはそういうことをよく見て、何が動いているのかということを認識しなければいけないのではないかという感じが切実にいたします。

無着　アインシュタインだったか、「科学を持たない宗教というのは盲目だ。逆に、宗教を持たない科学は不具である」というようなことを言っていたと思いますが、これは非常に重要な指摘ではないかというふうに思います。いわば神道が国家神道になった時に、まさに科学を持たない宗教を国民に押しつけることによって、一部の人たちが利益を熊手でさらうようなかたちになったんです。

押田　宗教と科学という問題にしても、本当の宗教性というものがないと、いったい今の科学が正道なのか、本当の求道なのかどうなのかということがごまかされてしまいますね。宗教そのものの中でもいわゆる論理性で理解しようということが主流になってくると、しまいには宗教がなくなってしまうということがありますね。だから、本当の宗教性というものの地下流の響きといのちが出てこないと、科学そのものをどう眺めるかということについても大きな間違いをしてしまうのではないでしょうか。

今の現代文明の主流となっている科学というものが論理ということを第一にして、論理的に説明するのはいいけれども、最後の説明の根拠として何を与えるかというと、われわれが納得できる説明を与えるというわけで、それが量とか幾何学的な形とか、そういうものを要求しているんですね。量子力学というのはまさにそれなんですけれども。そして、そういうものをもって説明できれば権威だなんて言い出したわけですね。

一番最初に科学者というのが宇宙を探究した時には、踏み込むほどに神秘との接触がひろがって畏敬の念が出てきたと思いますが、現代はやればやるほど傲慢になって「わかるんだ、わかるんだ」と言って、何でもわかりそうな感じになっています。この辺の大きな違いというものをピシャリと眺め通すという役割が私は宗教家の重大な役割だと思います。そうしないと、今は急行列車が断崖絶壁から落ちかけていますけれども、そのうちに落ちると思います。

宗教に一〇〇パーセントはない

無着　今朝のニュースで、遺伝子を一〇〇パーセント読む技術が開発されて、文部省がそれを推進しているというふうに言ってました。とすると、生まれた瞬間に美人になるかならないか、頭がいいか悪いかということが全部わかってしまうんですね、遺伝子を読めば。しかし、宗教というものを頭に置いた時、一〇〇パーセント絶対ということはないんですよ、どういう場面でも。

押田　勿論です。たとえば、花があって自分がいて、花をきれいだなと思う。論理の立場というのは、私は花ではない、花は私ではないと、最初から区別していますね。けれども本当に感動して「ああ、きれいだ」と思っている時は、私と花は区別できないんです。それはただ私の感情の問題というのではなくて、存在のあり方が響き合い、含み合っているものがあるから、そういう事実が起こるんです。それが論理の立場では全部抽象されてしまうわけです。だから木を見ても、「この木は私と同じように生かされている。私はこの木によって生かされている。私もこの木に何か恩を返さなければいかん」という気持ちが全然出てこないのです。だから平気で自分の立場で考えて、いらなくなれば切ってしまう。そういう論理というものの幻想というか一面性というか、これをやはり宗教者ははっきりと指摘しなければいけないと思いますね。

「わかる」というのは要するに論理の立場で言うことであって、存在のあり方は論理をすでに超えていますから、存在は最初から「わかる」ものではないんですよね。

ブラックエルクというアメリカインディアンの精神指導者が私のところに来た時に、面白いことを言いました。「原子がわかったと言うが、原子の向うに何があるかわかっているのか？　それがわからなければ原子はわからないんだ」とね。私に言うに「宇宙はわかっているのか？」と。宇宙がわかっていなければ小さなものはわからないんですよ。含みあっているんですから。ところが、宇宙というものは限界があるかと思えばその外に何かがあるし、無限かというと、じゃあ無限とはどういうもんだというと、それも考えられない。要するに、われわれには宇宙というのはとらえ得ないんですね。宇宙がわからなければ原子もわからない、遺伝子もわからないんですよ。しかし、おごりの中の錯覚でわかると思っている。それは本当の幻想なんだということを宗教者ははっきり主張すべきですね。科学の立場を入れながら主張すべきだと思います。日本の言葉で「まこと」という言葉がありますね。本当のことというのは「まこと」ですね。それから、本当の心も「まこと」ですね。本当のことと本当の心というのは区別できないという感覚です。両方とも「まこと」なんですから。

こっちが変な好奇心で存在に接すれば、やはりその好奇心に合ったような顔が出てくるんですよ。「まこと」がなければ本当の顔も出てきませんよね。第一、ああいう遺伝子とか原子とか分子というものは、ある機械を通じて眺めるわけでしょう。その機械はわれわれがつくるわけですよ。われわれの「まこと」に従ってではなく、意向に従って、つまりわれわれのある好奇心に従ってつくるものです。それによって出た顔を「これが客体の本体だ」なんて、バカじゃないかと思います。それでも昔の科学者には謙遜がありました。「わかったわけじゃないんだ、ちょっと顔を見ただけだ」と。今はそうではなく、本当の顔を見たんだと思っている。だから私は「ほかの観察機をつくってみろ、今度は全く別な顔が出るぞ」と言うんですが、今の遺伝子のことにしても、染色体の図だとかいうのがいろいろあるでしょう。ほかの観察機をつくれば、ほかの顔が出ますよ。

要するに、そういう哲学的智慧の光の認識というのが今の科学世界では完全に欠如しているんですね。

かけがえのないことを味わう

無着 論理主義というのはそういう智慧から離れてしまうのです。事物の一面しか見ないで、その一面が全部のように思いこんでしまうというのは、学校教育というのがそのように日本人をつくりあげてきたということがあります。そういう問題が今の日本の問題ですね。

押田　日本だけではなく、西洋の教育システムがそういう役目を果たしたわけですね。アメリカでもどこでもそうで、この前アメリカのマサチューセッツ大学で話をしてくれというから「論理は幻想だ」という話をしたら、びっくりしましてね。インドから来たある学生が「それでは真理はどうやって見つけるんだ？」と言っていました。そういう近世西欧の持っているある種の幻想的雰囲気というものが感じられます。

しかし、もともとヨーロッパでも「知性」というのは「洞察する力」という意味なんですよ。

無着　日本では「智慧」と言っていますね。

押田　ええ、本来はそれです。ヨーロッパでもそうだったんですよ。ところが近代の産業主義の時代になってから、何かを覚えて、その覚えたことでものを見るということが教育の内容になってしまった。つまり、仮面をかぶった本当の洞察ができない人間をつくっていくというのが教育になっていったわけです。

私はよく言うのですが「教えたらいけないんだ。教えたら殺すんだ。そうではなくて、学ばせるんだ。放り出すんだ。そうした時に洞察というものがどういうものかを覚えていくんだ。そういう教育に変えなければだめだ。教えてはいけない」と、こういうことなんです。

ヘブライ語には「教える」という言葉はないんです。「学ばせる」という言葉しかないんですね。ところがオックスフォードの英語の辞書では「学ばせる」という言葉は「teach」と書いてありますね。けれどもそうではなくて、「学ばせる」ということですから本当は「teach」ではないんです。そのへんのところが根本的に間違っているというか、洞察ができなくなっている。こういうことがやはり今の文明の状況、科学の状況、衣食住の状況に影響しているのではないかと思いますね。

無着　学校教育というものがこの社会の中の主流になってしまって、宗教などというものは競争原理の経済主義社会から見ればアウトサイダーとしてはじき出されたという状況があります。学校教育が主流になった時に、学校では「1＋1＝2」とか「5÷5＝1」ということを教えますね。5÷5＝1なんていうことは宗教の世界ではありえないことです。りんごが五つあるところへ子供が五人来た。そのりんごが五つあるということと子供が五人いるということの中で、五人の子供の持っている内実、特性、またりんご一個一個の味だとか色だとか、そういうものを全部切り捨てて「5」という数字だけをピックアップした時に、「5÷5＝1」という答えが出るわけです。それが真理だということで世の中は進む。そこには宗教が入る隙間はないんです。

押田　宗教というのは、かけがえのないことを味わわせるということですからね。

無着　ええ。たとえばドングリはドングリで完結しています。完結しているからこそ素晴らしい芽が出るんです。ドングリはドングリとして完結していて、その完結しているドングリから出る見事な芽も完結している。ですから完結が連続しているわけです。私はこういうことが宗教的体験の重要なポイントだと思います。赤ちゃんは赤ちゃんで完結しているから、立派な子供になるということなんです。どうも、そういうところが曖昧にされてきたのではないかと思いますね。それぞれがみんな宇宙なんで、ドングリの芽一つも宇宙なんです。一顆明珠《いっかみょうしゅ》なんですよ。

それから、宗教とはどういうものかということをもう一つ違った面から見れば、前にコーチャンという人がいましたね。彼は国会で聖書に手を当てて「嘘は申しません」と誓って、証言台に立ったわけです。そして全部しゃべった。それで田中角栄がつかまることになったわけです。あの場合のコーチャンは、宗教というものを持っていたから、国会に対して嘘をつかないとか国民に対して嘘をつかないということではなく、自分の信じる神様に対して嘘をつかないということだったのです。だからコーチャンは天国へ行ったでしょうね。ところが、日本の江副さんという人は、証言台に立たされそうになると、心身症か何かになって入院するでしょう。というのは、全部しゃべってしまえばカラッとするのに、ここをしゃべったら誰に影響する、ここをしゃべったらまずいと、いかにしゃべらずに嘘をつくかということを一生懸命に考えるから神経が参ってしまって入院しなければいけない。この江副さんとコーチャンさんを比べてみると、宗教というのは何なのかということが非常によくわかると思うのです。

そしてさらに言うならば、宗教とはやはり見えないものが見えるということだと思います。これは押田先生がおっしゃったように、洞察力の問題です。神が見える、仏が見えるということですね。

押田　ただ、その時に「見えた」と思ってしまったらいけないんですね。その時には宗教はなくなるわけです。信仰という気持ちもなくなる。その見えない世界、有難い世界、彼岸なる世界に向って旅をすることが宗教なのだけれども……。その見えない方にいつも飛び込んでゆく、これが宗教だと思います。ところが最近は、ちょっと見えると、「見えた！」と、こう言う。これでは旅にならない。

私は宗教は本質的に歩くことだと思うんです。「行《ぎょう》」という字は、左足と右足が歩くということなんですね。宗教というのは歩くことであり、旅をすることです。船を漕ぐことなんですよ。

だから、こういう存在がどうなんだ、ああなんだということではない。歩いている時に出会いがあって、その出会いのもとに自分の存在が変えられていくのですが、それは間接にちょっと味わえばいいことであって、大事なことは歩くことだと思います。

ところが、今の宗教は歩いていないんですよ。キリスト教も仏教も歩いていない。そして、何かをあるところで説明してごまかしてしまっている。これが重大問題だと思っています。お経の説明の書なんかを出しているけれども、そんなのはお経ではないですよ。有名な大学教授の書いた『般若心経』を読んで、これは

『般若心経』でも何でもないと思いました。だから仏教大学なんていうのも、歩くことを学ばせなければだめなんです。

たとえば托鉢とか、日蓮宗のお太鼓もそうですすし、キリスト教でも何も持たずにただ歩いていくという伝統の修行があります。組織に安定する方向から、そういう地下流が流れている方向へ向っていかないと、宗教はこれからの人類の危機を救っていけないだろうと思います。

だから、組織に安定した宗教というものから、今は出なければならない。私がどうしてもしなければならないと思ったのはそれなんです。だから、私は修道院を出たわけです。

その時に面白かったのは、私は本気でやらなければならないと思ったけれども、上の責任者も私が本気だということがわかったんですね。むこうも本気になり出して言いました、「私はあんたのやっていることがわからない。あんたはキリスト教のお聖堂で坐禅みたいなことをやっている。もっとはっきり言うと、私はそれがきらいだ。なぜならあんた一人ならばまだいいけれども、若い者がみんな真似をはじめている。だからきらいだ」。けれども、そう言ったあとで、彼はこんなことを言いました。「だけど神父さん、私はあなたのやっていることがわからなくても、どんなにきらいでも、あなたにそれをやめさせる権利はまったくありません。自由にやってください」と。そして神に感謝して、一緒に祈りました。

私は一人の人間として、一人の日本人として、本当に深みへの旅、未知なるものへの旅をしよう、それだけが本当のものになるのだ、人々と響き合う唯一の道なんだということで、旅に出たわけです。

そうすると不思議なことに、もう行き詰まったと思うと、神様が手を出してくれる。なるほど、宗教ってこれか、という感じがしました。安定した修道院の中にいたら、なかなか神様というのは出てこないですね。頭で神様を考えているけれども、神様とバンとぶつかることはないでしょうね。

だから私は、こういう次元であらゆる人類の神秘伝承というものがこれから動き出すことによってのみ、歴史の出口が見つかるなという気がしております。

無着　今のお言葉を無着成恭の言の葉として言うとするならば、宗教というのは正義でもなければ道徳でもないということなんです。宗教というのはたしかに人間が人間として歩いていく道を世の中に実現していくということです。そうやって歩いていく道の中に何かを求めていく。まさに信ずるものを求めて歩いていくという姿の中で救われる人は、信じているものが正しかったんですよ。ところが信じているものが間違っている人もいるわけです。お金を信じている人なんかはますます深みにはまってしまいますからね。

そして、「人のためにしてあげる」などということは宗教でもなんでもないんです。自分がそうさせていただいているんです。だから、今、ここで押田先生と対談をさせていただいているということの中に私の宗教があるわけです。だから、宗教家というのは人のためになんか何もしてやっていないんです。人のためにしているように見えるけれども、そうすることによって自分自身が救われているんです。

押田　そうですよ。私は托鉢の時、それを本当に感じたな。お経を唱えて歩いているでしょう。そうすると、誰かが紙に包んだものを持って出てきます。それは、両方でいただいて、両方で与えているわけですね。私とか相手とか、そういう区別がなくて、両方でいただき、両方で与えているんですね。そして、存在の底に新しい次元が刻まれるような何かを残していくわけです。私はそれが歩くということの意味だと思います。

素直な心というか、まごころというものは、本当に人と通じ、響き合うようなものを持っているんですね。私のとこの村のおばあちゃんなんかが私のところへ持ってきてくれるのは、本当に苦労してつくった純粋なものです。「先生、食べてください」と持ってきてくれる。そういう生活のあり方がなければ、私は宗教なんていう言葉は虚しいような気がします。宗教はそういうまごころの響き合いなんです。

無着　はい。そしてまたまさに無着成恭は無着成恭、押田先生は押田先生と、交替はできないわけで「オレしかいないんだ」と腹がすわってしまえば、そこからさまざまなことが開けてくるということがありますね。

押田　存在のいろいろな声が聞こえるけれども、本当に奥の方から聞こえる声に従うという基本ができれば、奥に向って歩いていくことになると思います。旅の条件はやはり、無一物、無所有、無執着ということですね。人間関係に無執着で、自分にも執着しない。そういうものがあって、私は旅ができるのだと思います。どの宗教宗派もそういう自由になって旅を続ける条件を与える行の秘訣みたいなものを持っていましたね。お太鼓にしても托鉢にしても、何か特別にそこに結晶してきたものがあるんですね。今はそういうものをお互いに学び合う雰囲気もできてきています。そういう意味では、現代はそんなに悪い時代ではないと思います。宗教界全般で門が開かれてきて、オレたちが本当だという気持ちが今はなくなっているでしょう。これは私は、共に旅をする非常にいい条件だと思っています。

無着　そうですね。

九　御里《みさと》への道行き

《いざない》

「御里《みさと》」とは、神・かむいなる方の御旨に已れも隠れ、御子の甦りに与り、聖霊の安らぎに包まれてそこに生きる三位《さんみ》の神の住居《すまい》であると言えるでしょう。本章「御里への道行き」は、押田師の晩年の霊的旅や歩みを示しています。その旅は押田師自身だけのものではなく、私たちの旅であるとも言えましょう。だからこそ、師は「旅の条件」を「ひとり　ひとり　心得べきこと」として説示されました。また『禅堂 押田』埋葬の背景」からは、晩年の師のあまりに多忙でありかつ豊かな出会いが窺《うかが》われます。死に直面した師は、「今迄の押田神父は一度埋葬いたしましょう」と語り、ゲッセマネの園の祈りにも似た最期の闘病に入りました。その苦しみは、聖体尼の証しや師の主治医であった長山医師による医学的レポートによって明らかになります。さらに、葛西氏によるエッセイ「ふるさと高森草庵」は、高森草庵がどの人にとっても「御里」であることを示しています。

（宮本久雄）

旅の条件

宗教とは深みへ旅することである。この旅の条件、つまり、この条件がなければこの旅は出来ないという条件については、古来多くの人が語った筈であるが、今、この歴史的な情況の中に立って、もう一度確認しておきたい。

一、情念的、怨念的関係を去ること

人間は自分の思念に自分を埋没させておくと、自ら気付かざる自らの我のかこいの中で、いろいろの情念や怨念を持つものである。一つの自然的家族、社会的家族、宗教的家族の中で、この現象は原理的に同じである。こうした囚われから解き放たれていなければ、旅は出来ない。そのような情況を無条件に遠く去ること。

二、安定性の追求を去ること

これは古来、所有への執着を去ることとして自覚されてきた一つの要点である。これはもともと安定性の追求と一心同体であった。自らの我を表現する一つの情況である。これは、いわゆる近代、現代において、能率の増加追求というような形にもなってきた。能率や効果を追求するほどに、我の世界は固まり、俗が深まる。存在の神秘感は遠ざかり、人間意識による人間中心の自然破壊が横行する。それが即ち人間破壊であることさえ明確に直覚しない。

どの存在も、存在の安定性を必要とする。人間の場合、おのずからに、在るべき安定性を享受する心を、ふさわしい賢さとして古人は語った。しかしそれは、意識主導で獲得するものではなく、自我の底がぬけたときに湧いてくる底のものである。

三、深みからのひびきを受け止める拠点をとらえつづけること

（イ）存在の単純さ、それなりの透明さの中で、われわれは、最も具体的な最も緊急な、人の心の必要に答えてゆかねばならない。それが、自分の単純さ、透明さを深める所以でもある。ところがこの必要は、歴史的社会的なものでもあって、単なる個人的かかわり合いを越えるものでもあり、危急な社会情況の中では、正に社会問題として対応することを余儀なくされる。現在の日本の、乱開発、軍事基地化の情況は正にそれである。この場合、深みからのひびきを受けとめる拠点のとらえ方は、人それぞれの、深みに対する資質にしたがって変ってくる。複雑化している必要の中で、それぞれの存在の在り方に応じたとらえ方が出てくる筈である。その場合、そのとらえ方は社会的地位とか職業とかによって区別されるものではない。個人的かかわりと社会的かかわりが合流する、こういう情況では、如上のとらえ方に従って、一つの社会的動きの形態が生れてくる。そのような動き、運動の中心には、深みへの窓がなければならない。一つの党利党略や、それに類したとらわれにとらえられている者が中心になることは不可能な所以である。

宗教的な、深みへの旅なしに、こうした歴史的動きもありえないことを、この危急のときに再確認すべきである。われわれは動中工夫の時に招かれていると言ってよいであろう。

（ロ）この各自に応じての拠点のとらえは、具体的には、いろいろの問題点を借りる。この問題点のとらえ方は、その時その時の最も重要な問題点を押えることで現成する。そのためには洞察の深みを保つことと

共に、情況の勉強が必要である。要は、複雑な情況の中で、こちらが複雑にふり回されてはならない、ということであり、常に単純さの中で、深みの声との対話をつづける、ということなのである。

こういう存在の在り方と御手への信頼ということがなければ、何の結実も生れては来ない。

お知らせしたいこと

皆様に親しい高森の地に、異変が起ころうとしております。

小泉・大泉の直上に広大なゴルフ場計画、さらに北に、既設の町営ゴルフ場の増設、北東に別荘地造成計画が進行しようとしています。

大泉から約一七〇〇メートル北に計画をすすめているのは、八年前に、小泉の水を観光開発に利用しようとした同友興産株式会社です。小泉の水で田・畠を潤す私たちがことの是非を問い、裁判所が私たち農民の水利権を認めこの会社に計画の中止を命じましたことは、皆様の記憶にそう遠くないことと存じます。

ゴルフ場予定地の五割は、大泉・小泉湧水の涵養面積に重なります。小泉の三つの口から出るあの清冽な流れに手を触れてはいけないとの判決を受けた会社が、今度は、湧水の涵養林を伐採し、ゴルフコースとして農薬（除草剤、殺虫剤、着色料）を撒き、地下水の状態から湧水を汚染しようとしているのです。水量も減少します。保水力の低下は土砂崩れの危険ともつながります。

一昨年（一九八七年）暮れ、事を憂う住人が高森草庵に集い、依頼、八ヶ岳南麓を守る会として、働きかけをしてまいりました。富士見町長に対しても、長野県知事に対しても、湧水・土壌への影響はどう把えているか、下《しも》の住人たちへの被害についてどう考えるのか、ゴルフ場をつくることが〝地域の活性化〟になるのか、人間が生きるとはどういうことだろうか、自然とは何だろうか、……。

町長さん、知事さんからのお答えはいただけておりません。が、他方で、多くの方々との出会いがあります。

総会に新しいお顔を見ます。町・県へ提出した反対署名簿に、境地区の住民の約半数一四八六名の方、全国から七六〇九名の方がお名前を連ねて下さいました。（中略）森田宗一先生、仲田晋先生、中平健吉先生、両角吉次先生ら十二名の弁護団もすでにうごいて下さっているのです。

同友興産のゴルフ場反対運動は正念場をむかえました。環境影響評価調査の準備書が同社より県に提出され、このままでは、来年一九九〇年春に着工となります。「蝉が一種類しかいない」という野放図で、誠意の見られない調査のやり直しを、私たちは求めてゆきますが、着工をはばむには、予定地の重要なポイントの土地を入手することしか有効な方法はないようです。地権者のなかには「ゴルフ場に反対だから土地は同友には売りません」とおっしゃる方もいらっしゃいます。この方たちと連絡をとりあいながら、私たち南麓の会も土地を取得してゆく（お借りしてゆく）ことを考えております。町営ゴルフ場増設、ふれあいの郷別荘地造成計画については、十月十三日に住民十七名が原告となり、町と国にたいして住民訴訟を請求いたしました。また、八ケ所にわたっての特別項目の水点検も始められました。（後略）

（一九八九年十二月二十日）

「禅堂 押田」埋葬の背景——歴史的摂理の寸見

数年前、オランダのドミニコ会神父から、「禅堂を設けるにつけ、貴方の名をお借りしたい」という願いが届いた。私は軽い気持ちで、「それは、あなた方がお定めになることなので、ご自由にして下さい」と答えた。

一九九二年の九月、つまり三年前、初めてその地、ニーメーヘン〔ナイメーヘン〕に赴き、クリス・シュムーレンブルグ神父に導かれて、「禅堂 押田」を訪れた。実は、そこは、古きアルベルトゥスマニュス大修道院〔Albertinum-Klooster〕であった。嘗《かつ》て、一四〇人の修道者を抱えた、神父養成の本拠地である。二十数年前、神学の空しさに堪えかねて、あっという間に、一〇〇人が消えたと言う。その孤独の中で、クリス神父は坐禅を始めた。彼の周囲には、少しずつ、坐る人々が集まった。大食堂の半分を仕切って、改装し、禅堂とした。

それは、この大修道院を中心にしたカトリック共同体の未来を希望する一つの小さなしるしでもあるかのように。

八ヶ岳南西麓地域の環境保全のための国と町に対する裁判が本格化する最中、昨年の秋、一九九四年十月の半ばから、嵐の如き諸国巡礼が始まった。何れも、そうせざるを得ないことであった。

十月二十二日印度に出発。ペスト禍と、印度航空従業員ストライキの中、印度中東部、西部沿岸沿いと走り、最後は、西北部グヂャラット州、ペスト発生地入り。ゴアの漁民農民の生活に決定的衝撃を与える日本人村と大ゴルフ場の検証と、ローマカトリックとシリア派の神父養成所の訪問と、ガンジーの生誕百二十五周年祭への参加であった。

日本に帰ったのが十一月十日、十二日結婚式、十四日、高森に帰庵。そして十日後、十一月二十四日にドイツへ出発。ヒットラー暗殺運動の指導者の一人、アダム・フォン・トロットの慰霊碑としての十字架の立つ丘のイムスハウゼン共同体を、先ず訪ねるためであった。創立者、アダムの姉、フラウ・ヴェーラ・フォン・トロットの臨終の時、招かれて訪ねた丘である。その共同体をアウシュヴィッツの諸宗教平和巡礼集会と断食祈禱に結びつけるためであった。そこで、凍った階段から滑り落ちて動けぬ身体となったが、ペトロ修道士に助けられて、同月三十日、ルフトハンザで〔ポーランド・〕カトヴィッチェ、更に自動車でアウシュヴィッツへ。そこの集会が未来の平和のための本当の集会になるために、いろいろと主役的に介入せざるを得なかった。

心身と魂との全回転を余儀なくされた儘《まま》、十二月十一日、ベルギー・ブリュッセルへ。先ず、東洋諸修道グループ（Les Voies de L' Orient）の面々と再会。小接心。提唱。十五日、日本の福岡・京都のカルメル会修道院の原点である、ブルージュのカルメル会修道院に足を運び、そこに宿泊。そして翌十六日、オランダのウトレヒトの新しい修道院に立寄った。クリス神父がそこに居たからである。そしてその時、「禅堂 押田」から、新しい共同体が生れたことを知ったのであった。

私は、昼食をクリス神父と四人の共同体の方々と共にし、昼寝をしてから飛行場に向った。神父と四人が飛行場検閲口迄送ってくれた。私は、彼らの積極的一歩に合掌しながら、飛行機に乗った。「禅堂 押田」埋葬の趣は、その時確かに知らされた筈なのに少しも私の意識に定着しなかった。

十二月十五日帰国、留守中に溜っていることを整理する間もなくクリスマス。二十七日結婚式。一九九五年一月九日はバングラデシュへ。大僧正ヴィシュダナンダ師の葬式参列のためであった。ガンジー百二十五生誕記念祭に〔私を〕招いたガンジーグループ指導者ナラヤン・デサイも、そしてヴィシュダナンダも、一九八一年の高森九月会議に遠路出席した人々である。一月十三日、イースト・クルザ村で火葬。そこでも老師の若い弟子達が泣きながら見送ってくれた。十五日、日本帰着。そして、再び留守中の諸事や手紙の整理の暇もなく、二月一日に日本を発ち、中近東に向う。二月二日テル・アヴィヴ着。そこから、諸宗教平和巡礼に再び参入する。イスラエル、パレスチナ、ヨルダン、イラクと、戦い合い正常国交を拒否し合う国々の間を、奇蹟のように歩きつづけた。日本に帰りついたのは三月中旬。そして今でも私は思う。それが、この私に可能だったのは、疲れが溜り続けていたのに、苦しみの中に在る人々のいろいろの場所で、そして殊に、経済封鎖のため、最も悲惨な現実の中に在った最後の地イラクで、回教徒たちの温かい温かい心に出会っていたからだ。私の体、いわば肺一つの体には、今でも感謝の祈りが刻まれた儘である。

前述したように、その前のアウシュヴィッツからの帰り道、ウトレヒト修道院に寄った時、常識的に考えれば、私は、アルベルトゥスマニュス大修道院売却の次第は知らされていた筈である。

嵐が長く続く時、いつどこで何が具体的にどうなったか、ということは明快な記憶として総括されないかもしれない。しかし、もう一つの理由があるように思われる。それは、私は、ずっと、違う次元に生きていたらしい、ということだ。それ以外の次元に起ることは、そういう時、記憶にはのこらないのである。

中近東から帰った私には、先ず、農作業が待っていた。復活祭の典礼とか洗礼とか、その他の諸事のラッシュの中で、田の耕作、代掻《しろか》き、苗床作り、種蒔き、苗作り、田植、虫とり、草とり、と一連の作業に集中する。それが終るか終らぬうち、六月初め、中国に行かねばならなくなる。諸宗教中国巡礼の責任者の日本山妙法寺のお上人から電話があった。「出発直前に、中国政府から、お太鼓行進の禁止命令が出ました。天安門事件の時期なので、一切の刺激は避けて欲しい、ということなのです。しかし、私共としましては、この儘、中国巡礼を完全に中止することは出来ません。どうしたらよいでしょうか？」

私は即座に具体的提案をした。少くとも南京大虐殺記念館を訪れること、二、三人の犠牲生き残りの方達

日本人戦没者慰霊碑の前で
（レイテ島パロ市）

のお話をきくこと、いくつかの惨殺の現場を訪れること。

六月四日上海着。責任者をふくめた南京紅十字会の二人の方が、最初から終りまで案内して下さり、人の訪問が途絶えていた僻地の墓地で、一緒に草むしりをしたり、揚子江河岸で、写経の紙を河に流したりした。墓地十ケ所を巡る。途中、私共の思いも変って来たと、孫文先生の墓にも案内される。「天地正気、浩気長存、世界大同」などの彼の文字が、温かくひびく。

十六日上海発、九州・小値賀島経由で高森帰庵は十七日。田の虫とり、重病者見舞などのあと、六月二十六日、また再び、フィリピンへの旅に上る。これも、仏教徒主導では、カトリック社会との交渉、判断の仕方が困難だというので、諸宗教平和巡礼に初めから約束していたことであるが、バターン死の行進の出発点に共に立つ迄、私は、独り、レイテ島に巡行する。そこは、一高時代の親友、中村徳郎が、軍国主義の将校になることを拒否したため、タンクと共に一兵卒として、送られた激戦地であり、それと知る前に、私が、フィリピンの古兵にたのまれて、他の連合国一つ一つの国の兵隊の慰霊碑と並べて、日本大使館に代って日本兵の慰霊碑を立てた島であった。私の巡行からレイテを捨象することは赦されぬことだったのである。

バターン死の行進に参加直前、急遽、日本に帰ったのが七月十三日。

裁判対応、法廷、葬式、田の仕事をふくめ諸事への対応。

そして八月二日から、コルチャック先生展、日本での広島、長崎の諸宗教巡礼、〔阪神・淡路大震災で〕被災した西宮カルメル会訪問、八月十七日〜二十三日、仙台での修道女お籠り指導、そして八月二十四日から、今度は、ローマでの、回教、キリスト教対話の国際会議に赴く。中近東、アフリカ、ヨーロッパを中心として行われて来たこの会議も、諸宗教対話へと次元を広げ、神学的対話を越えて、霊的対話へと深めることの必要を感じての招きであって、断わることは出来なかった。アフリカや中近東から、戦禍のため、ヨーロッパに移住する人数が激増して居り、その多くが回教徒で、回教寺院モスクも、あちこちに建立され、一方、欧州各地でナショナリズムが抬頭《たいとう》する緊迫した状況の中で、招かれたのである。

一日目、情況報告と分析の後、二日目は、メインスピーカーとして、私が霊性の立場からの証言を行った。本当の宗教的対話は、深みにおいてのみ起る出来事であることについて。三日目は、暴力行為者と正統派の無関係なことについての分析報告。そしてまとめの四日目の午後、長いこと回教社会に住んで、信仰の証しをして来た、セルヂ・ボルケーユ神父と私とが一緒に講演席に並んで坐って、交互に個人的思い出話をすることになった。

彼は、「洗礼を受けてカトリックになった後も、いつも『私は回教徒だよ！』と主張していた友人」のことを語った。「キリストに出会った仏教徒もここに居ますけれど……」。

私は比島滞在中、当地の自称カトリックの専制者の軍隊と、スール島の山岳部族回教徒との戦争の時、その山岳部族への思いに駆られて、当地を訪れ、モスクで祈り、出て来た時、一人の老人に、「キリスト教徒か」ときかれて「そうです」と私が言った時、彼は私を抱いて泣いたこと、翌日、ひとりこっそり戦地に忍びこんだ時、あとからついて来た二人の回教徒の青年から「あなたを守らせて下さい」と言われたことなどを語った。すべての宗教伝承の根源は、無償の神の愛に消えてゆくこと、その消えゆく出会いの抱擁が、本当の対話なのだ、ということを語った。

セルヂ神父は、ひととき、道化役者の赤い鼻を自分の鼻につけて語った。私もひとときそれを借りた。

重要な国際会議のこんな終結は、はじめてだった。いつまでものこる温かさ。

そして九月二日、ベルギーに向う。東洋諸修道グループ主催の小接心が、翌日から三日間。そこで絶えず私が提唱したことは、「自分の完徳、自分の完徳と、自分の完徳だけ考えることは神様の清さ、仏様の清さに反すること。小さき一人の人のため、人類の新しき地平のために、神の慈しみのいぶきの中に消えてゆくこと」であった。

そして、「本当の霊的生活へ出発するには、具体的に無一物の生活を始めること」。

そして九月六日、オランダに向ったのだが、その頃になってやっと「禅堂 押田」のことが意識に上り始めたのである。草庵のシスターの話によれば、ずいぶん以前から、即ちおそくとも昨年一九九四年の末から、私は、そのことを口にしていたそうである。ベルギーの東洋諸修道グループの一人の指導者と話した時は、私自身、そのことをはっきりと自覚していた。私は、その指導者にきいた。

「設立の時には相談を受けたのですが、消去の時には、一言も通知がないというのは、どういうことなのでしょうね」と、笑いながら。

「皿の中に足をつっこむ、という表現があるんですけど、オランダの人は、時々そんなことをしますよ」と彼女も笑いながら言った。

そして、「連絡してもなかなか返事が来ないんですよ」とも言った。

最後の連絡をすると、その翌日、クリス神父から電話があった。そして九月六日には、「禅堂 押田」の主な二人が神父と一緒にローゼンダールの駅に迎えに来ていた。そこで乗り換えてニーメーヘンに行くためである。このグループは決して自動車で迎えに来ることはない。

ニーメーヘンでは、いろいろの経緯があったようで、現在は、新しい持主から、またアルベルトゥスマニユス大修道院のごく一部を更《あらた》めて来年の春（?）迄借りうけて、六人程の神父が住んでいた。私にとっても、生涯最後の当大修道院滞在となった。

　私はそこで、「禅堂 押田」埋葬の真相にふれることになったのである。それはまた、自分自身を、外からの仮りの助け人とながめていたことの間違いと、大きな不誠実とを悟ることでもあった。

　私は、クリス神父にきいた。

「私に、ひと言も断わりがなかったんですね」。すると彼はびっくりした顔をして、それから、じっと私を見つめて言ったのである。「何ですって！ 私達はあなたの言葉に従ったんですよ！……。あなたは最初の訪問の時、『この大修道院は、化け物の出るお城みたいですね』って言ったんです。その言葉は、私達の胸に突き刺さりました。そして遂に、この大修道院全部を売り渡すことを決意したんです！」

　修道院に着くとすぐ、著名なスキルベック*〔スキレベークス〕神父が私と話したいと言っている旨が伝えられた。

　次の日の夕方、対話は彼の「私共東洋的文化教養のない西欧の人間にとって、禅は本当のものになるだろうか」という質問から始まった。

　私は、西欧人と言っても、中世と現代とでは違うこと、中世の西欧人の顔は、もっと優しくて、宗教的で東洋的であったこと、中世迄は砂漠の隠者の修行がローマカトリックでも行われていたこと、今の日本の若者の顔は少しずつ西欧化して来たこと、しかし、人間性には普遍性があること、砂漠の隠者の修行法と仏教禅の修行法の技術は基本的に同じであることなどを語って、一時間程してから思い切って言った。「この歴

＊一九一四―二〇〇九年。ドミニコ会司祭、神学者。ベルギーやオランダの大学で教鞭をとる。主著に『イエス』などがある。

史的な大修道院の売却を決意することは大変だったと思います。然し、はっきり言って前進だったと思います」。すると彼は即座にこう言った。「私共は、清められねばならないんです。豊かさから清められねばならないんです！」

その翌日だった。クリス神父は、もう一つの、皆の胸につき刺さった言葉を告白した。そんなことも私自身はとうに忘れていた。私は今度の欧州の旅での特別な提唱とのみ自覚していたのに。それは、「具体的に、すべてを捨てる無所有の覚悟、飢えて道端で倒れて死ぬ覚悟が、本当に出来た時にのみ、本当の霊性の道が始まる」ということである。

クリス神父は、またじっと私を見て言った。「最初の時も、あなたはそれを言っていたんですよ！」

その日、図書館係の神父が、最後の機会だ、ということで、いく冊かの、中世の手書きの分厚い本を見せてくれた。その中の一冊、グレゴリオ音楽の典礼書には、どの頁にも、ナイフをつき刺した跡があった。宗教改革の頃の反逆の痕跡であろう。この大修道院があってこそ、これらの歴史の過去の重さが感じられるのに、今、単なる証拠の記録の如くに、大学の図書館に移管されるのだ。歴史の重さの消えゆく姿に、引き裂かれるような心の痛みを感じた。

私の発言さえなかったら！　とさえ思う。

今、「禅堂 押田」という名は消えて、「禅グループ押田」という名に変り、十五人が共同体の形をとっている。坐禅を行っている三つの借り場所にも案内された。禅会に参集するのは、五、六十名だろうか。しかし私が言う無一物からの出発は、更に向うに在る、ということも彼らはやがて知ることにはなるだろう。それなしに、西欧も、人類も生き延びる道はない。しかし、禅堂のことを、近世西欧文化の行き詰りの中で、東洋に学ぶ窓を設けようとする業の如くに感じ取っていた私の思いは、余りにも浅はかであった。彼らの立場、彼らの心境は、もっと深刻だったのである。

オランダに赴く前、ブリュッセルの禅会の最後の日、夜の十時前頃、宿舎に帰ろうとする自動車に、一人の婦人が縋《すが》って来た。

「私は覚悟が出来ます！　どうしたらいいのですか？」門限時間である。私は冷酷に「お手紙をお待ちします」とだけ言った。

表層化した人間存在が、本来の存在の在り方に帰ること、すべての存在と本来の対話をすること、そのために知慧の地下流に帰りゆくこと、それは今の歴史の客観的要請であるけれど、それは、普通、歴史的社会的に考えるよりも、もっと限りなく深いレベルのことなのだ、ということを更めて考えさせる、この度の巡杖ではあった。

いくら叫んでも、いくら、生々しく生きざまで示しても、一向に立ち上ろうとしない、日本という島国の人々の甘さに、馴れすぎていたための、思い違いでもあったようだ。

――（訪欧の際、わざわざ「禅堂 押田」を訪ねて下さった方も居られるようですが、以上を以て、その禅堂埋葬の背景の御報告と、また、その御報告のかくも遅れた経緯の御報告とを兼ねさせていただきます。）――

また、これも、オランダ入国前のベルギーでのことだったが、私は、一冊の小さなドイツの雑誌を、東洋諸修道グループのローズ・マリーさんから手渡された。そこには、ドイツの有名な、某会の大修道院で、その大きな所有地に、ゴルフ場をつくって開業した次第が報告されていた。タイトルに曰く、「祈れ、且、儲けよ！」私共は、天国への小径と、地獄への道との分岐点に立っているようだ。

（一九九五年十二月）

前略

手許に適当な用紙なく、便箋にて失礼します。

今年一月、睡眠中に心臓がつまって苦しくなったことに端を発し、一月二十一日に更《あらた》めて心電図をとった所、その異状性甚しく、同二十二日急遽入院ときまりました。一月二十九日にとった一日ホルターでは、孤立不整脈数三万五〇〇〇、二段脈一万五六〇〇という異状値を示しました。

急に体の城がガタガタと崩れ、体力の根が稀薄になったのを感じています。休んだあと、時に表面に表れる一時的元気さとは裏腹に、回復には時間がかかりそうだ、という洞察めいたものを感じています。

私としては、これを起縁として隠生に入り、人生最後の段階に入ることかと自覚しております。ただ托された御旨、主の示されたことを主とのみにて生きる時が来たと感じております。

とに角、少なくとも福音書とは本当はどういうものなのかということについて遺言書をのこすこと、霊的生活とは、本当にどういうものなのかを自ら生き直し始めると共に、無一物に神の御旨のままに生きる、地上あちこちに生まれ始めた新しい霊的家族をまとめること、その家族と、未だに古来の知恵に生きる少数民族たち、迫害の下に在る他宗教伝承の人々とを結ぶこと、宗教宗派を超えて、新しく生れつつある新しい動きとひびき合うこと、そして亦《また》、地上の心ある人々を結び、悪の力による経済や戦争の操作を止めるための、戦争・人権・国際法廷を現成させること、などをし残している最小限の事として考えております。既に約束した黙想会、講演会、接心提唱などをどのように果たすのか、未だ明確な図式は持ちません。

共にお祈り下さい。

公会議のあと、ガタガタと身体が崩れて故郷へ旅立たれた大先輩のことをなど思いながら、一言申し上げました。

少なくとも今年一年は完全に隠生休養させていただきたく思っております。

今迄ずっと無視していた身体障害者公認の手続きも、微笑みながらいたしました。

僅此托幸

一九九六年二月八日

押田成人拝

今迄の押田神父は一度埋葬いたしましょう。人間的にはもっと冷たい存在になるのでしょうか。神とだけ生きることのきびしさの前にふるえおののきます。ヨハネの冷たさがよくわかります。神が愛であることを示すための。

ひとり　ひとり　心得べきこと

一　ひとり、ひとりが心得べき、主要点について

私たち人間の我の傲《が》の《ごう》、限りなき深さにもかかわらず、聖旨は、無償に溢れる御慈しみにより、御摂理のうちに現成します。しかし、そのためには、私たちひとりひとりが、我の傲に死に、より現実に、新しい息吹き、新しいながめの中へと歩み行かねばなりません。

それは、自ら学習するという底の道ではなく、苦しみのうちに砕かれ与えられてゆく、新しき恵みの境涯であります。御子イエズスの内なる、新しい過越しの神秘です。

新しい時空に席をひらく鍵は、各自の心にあらわれる新しい霊的動機であります。

如何に善き意向からとは言え、こうしてあげたい、こうして見たい、という、人間的善意だけであれば、その意向によって誠実に、熱心にはたらくとき、それはまだ、人間の我の匂う世界なのです。それとなく彼岸の風にふかれ、それと気付かず、わが身を献げている境涯、神のながめが既に現存し、「霊的動機」と人が呼ぶものがそこにあらわれる境涯ではありません。

神の家族の在る所、何処であれ、「私が導く、私が教える、私が指示する」という我の匂いをもつ人間が、中心に存在してはなりません。私たちは、何処にあれ、周囲の人々に学び、仕え、それぞれの人の過越しの神秘を神のまなざしの中に、ながめて祈りながら、神の子として存在しなければなりません。ひとり、ひと

りは、共同体が聖三位のしじまの深みへと歩み行くよすがです。

きくべき人は、中心にかくれて、耳を傾けている存在の重さのある人で、おのずからに共同体の中にあらわれている底の人です。

「霊的動機」とはどういうものか。具体に触れながら、ながめましょう。

例えば、具体的に、西欧の風土に於ては、「罪を犯さないように」とか、「失敗しないように」とか、という心づかいにもあらわれる、「恐れの動機」によって規則をきめたり、生活の在り方を規制したりすることは、人々を守ることに役立ちます。その規則を守れば守られます。それは有難いことです。だけど、ただそれだけです。それはまだ霊的動機の境涯ではありません。

日本の風土に於ては、「社会的に評価されるように」とか「人々から賞《ほ》められるように」とかいういわば「虚栄心の動機」は、ある意味の励みを与えるかもしれませんが、そういう動機と訣別しない限り、霊的境涯への門は閉じられたままです。

それぞれの精神風土のこうした動機にあらわれる欠陥を克服する方向に進みゆくことを、それぞれに、神から学びゆかねばなりません。

現代に於ては何処であれ、自己中心主義、物質主義、論理主義、数量主義の幻想から、完全に抜け出なければなりません。現代的幻想の根拠がそこに在り、そして人間を超える「悪」の根拠地がそこに在ります。

何処であれ、何《いず》れの時代であれ、新しい出発点から、神の洞窟の中に住居することの学びを学びゆかねばならないのです。

具体的にはそのために、「遠いまなざし」と「おのずからの呼吸」(禅定《ぜんじょう》呼吸)と「我《が》の匂いを感じたとき、自らをあなどる行《ぎょう》」とにまず、熟練するように。

座禅、内観、その他の伝統的行を学ぶことも大切な基礎でしょう。日常の生活が、まことの行となるための出発点であり、生活即行である動中工夫に合わせて、これらの行を、適当に織り合わせなさい。まことの空、即ち自由の謙遜の人ならば、その社会的地盤が何処よりのものであれ、師として学ぶように。

聖なる書を、学び、そして分るという目的のために、それを人間意識化することは、絶対に避けなければなりません。こうした罪人の方向を、絶えず根本的に本来の方向へと更《あらた》めねばなりません。これは現在、すべての宗教伝承に於て警告さるべきことです。現代は、教育主義という幻想に包まれています。

司祭、修道者、修道女、僧侶、尼僧などの養成を、学校、講義という形で考える、ということもその一つです。

一人の神父、一人の作曲者によって、数年のうちに、教会全体の典礼を用意するというようなことは、本来、考えられないことなのです。これらの罪からも、直ちに回心せねばなりません。

上述の如く、ひとり、ひとりが、自らの最も奥深き声に従って歩みながら、神の洞窟に住み始めるとき、それぞれ固有の小道を踏みながら、かけがえのない、まことの出会いにめぐりあうでしょう。そしてそこに、御摂理の地上の花が咲きめぐるでしょう。

御旨が成就し、地上に御里があらわれるでしょう。

二　無償に与えられる御手のかかわり

私どもの存在というものは、意識中心にものを考えたり、工作したり、意志的に決定したり、いわば存在の上層部にその中心があるように思われます。知識の木の実を食べた結果だと示されていることなのでしょう。然し、本当の中心は、存在の限りなく深くに在るのです。「一　ひとり、ひとりが心得べき、主要点について」で示したことも、つまり、この本当の中心に復帰しなさい、ということです。

行ずる生活によって、中心が意識層を離れ、深みに沈んでゆくと、深みからの光や風が訪れるようになります。彼岸ということばで呼ぶところから。その、彼岸からの味わう光や誘う風は、人の存在の各層、即ち深みの層、深層意識の層、意識の層、そして情感や感覚の層など、それぞれにひびきを与え、それぞれの層の在り方を、それなりに変容します。

そのようにして単純になった本来の人が道を示し、本来の典礼的境涯を示すようになります。西欧のグレゴリオ音楽にしても、誰が作曲した、というようなものでなく、むしろ、誰かが深みからのひびきを、おのずからに遺《のこ》して来た、という底のものです。だから、グレゴリオ音楽を歌うというのは、ただ典礼の名において歌うことではありません。それを歌うことが即ち祈っていることなのです。

深みからの光やひびきが存在全体と一つになるためには、存在のどの層にもしこりがあってはなりませんし、互いに含み合っていなければなりません。

自然が自然でないと、そして、自然が単純でないと、即ち各層が一つに調和しないと神の御手は働かない、というのは古典的知慧なのです。高森の歩みの奥には、いつも、この知慧の声がありました。それは、そのまま、私の全存在の欲求なのでした。

私は神様とだけになりたかった。そして要らないもの、不自然なものをすべて捨てたかったのです。

昭和三十八年、肺葉摘出の手術のあと、夏の間、信州富士見町の小さな病院で療養することになり、そこで療養中、いくつかの出会いがあり、洗礼があり、共同体が生まれ、洗礼の祝いの植樹の提案があり、それに、土地の神道代表の前境村村長さんとの御縁が出来て、北西向きの、一部ごみ捨て場を兼ねた、一坪確か、三百円位の土地を入手することになりました。今思うと、すべては神さまの方から用意されていったような感じです。

信州での術後療養が終わって、東京の病院に帰ったとき、今度は、そこの病院経営にかかわっている修道女会の院長さんが、患者の私の所に来て、ききました。

「古い職員宿舎を壊したいのですが、この頃は壊すのにもお金がかかるのです。誰か、安く壊してくれる人を知りませんか？」

どこかに書いたことですが、私はその翌日から散歩の時間に屋根に上って瓦はがしを始めたわけです。皆が私を応援し、結局こわした材料は村に運ばれて来ました。私たちは、一先ず、傾斜地に、建築材料を置いておく屋根だけの小屋を建てました。

翌年の春、退院したときは、この高森という村に、あき寺を見つけ、村長さんの許可をいただいて住み始めました。くもの巣をはらいながら、イタチと共存しながら、一週間に二回、おじやを作り、あとは材料を足して煮直し、洗濯は、寺の横を流れる小川でする日々でした。やがて、冬が来るときは、私の身体には無理なことがわかってきました。

そして、境村の村長さんから紹介されて手に入れていた土地に、先ずは小さなお聖堂を建てることになりました。

再び、思わぬ所から、神さまの手が現われました。前述の村長さんからの申し出でした。「薪小屋が要らなくなったのですが、何かの御用に立てていただけませんか？」。

正に、聖堂に改造すべきものでした。信州側では茅葺《かやぶき》の職人が皆転職したあとでしたから、ひと言、タクシーの運転手にきいたら、すぐに山梨側の職人さんを紹介してくれました。あとでわかったことですが、茅をふき終わって、二、三週間したときに現われる、やまぶき色の輝きの美しさに魅せられて、茅葺の仕事を止められない、という人柄に出会ったのでした。

仕事を終えたとき、彼は、屋根に私の許可を得て玉串をつけました。

「こうしないと終わらないのですが……」と言って。

見事な小聖堂で、私たちのつけたガラス戸だけが不調和でした。仲間の一人が、葦を縦に何本かはめこむと、ガラスの固さ、意識の世界は消えました。

現在、床には、米穀を叩くときのゴザと、ぼろぼたの布。村の生活の最も大切なものです。そしてその上に置かれている祭壇は一枚の板――江戸時代、大事な本の製本の時、上から押しはさんだ厚板。祭壇の前の布には、聖人の遺骨と、殉教した切支丹の踏み分けに使った踏み絵。そして祭壇の上には、坂高麗左衛門《こうらいざえもん》と、香取正彦、という二人の名人の合作。即ち灰かぶりの見事な焼物に銀と銅を材料にした茶色の足をつけたカリス。カリスの足と同じ材料、同じ色のパテナ。

一同、司式者のように坐してミサに与ります。

小さなお聖堂にはそのままに、この島国の古くからの歴史を一つにしたふるさとがあり、そしてその根があります。

そのあと、寒さに追われるように、私の小屋を建てました。材料置場の屋根の木の柱は傾斜地に深く埋められていましたから、土を掘って、土台を作りました。建築史上初めての方法だったかもしれません。幸い、私には物理の知識も少しはありました。始める時に持っていた七万円も使い果たし、材料も使い果たした日の翌日の朝、何の連絡もしないのに、一人の村人が訪ねてきました。「先生、建築の材料要らねえかえ?」。それで私は一日も休まずに造りつづけました。また多くの人が応援してくれました。台風にも堪え、湿気にも堪えて、三十四年建ちつづけています。

私の隠者独りの仕合わせは、わずかに六カ月だけでした。求め求めて、次から次と人が訪ねて来るようになりました。

しかし、たえず聞いて来た声のままに、その日その日に与えられ、その日その日に学び、その日その日に出会い、その日その日に生かされて来ました。

神さまに向かい、神さまとだけで生きるとき、道はひらかれて行くことをいよいよ知りました。

「天の御父!
御名の聖とされんことを!
御里の来たらんことを!
聖旨の天地に現ぜんことを!
この日も糧を与え給え!

他人を赦す故に赦し給え！

試しに引かず、邪より救い給え！」

その祈りが、如何に私たちの祈りであり、小さな者たちの、まことのいきに運ばれるものであるかを、毎日、毎日、味わって来たのです。

ガリレヤの漁師も、私共、高森の素人百姓も、区別のない、同じ小さな仲間でした。

そして、毎日のミサが生活であり、生活がミサでした。

食べるものもない、本当の無一物を味わいたい、と思ったこともありましたが、そういう思いも傲《おご》りであることを、神さまはお示しになりました。

とても　貧しくて　何もない時、
とても　苦しんでいる時、
神様は時々、御自分の安らぎに私共をお招き下さいます。
御誕生の夜、天使たちの歌は　本当に　きこえたのです。
私は　いつもながら、御手の成就を信じて　静養しています。
いつか、御旨なら、みんなで東方の博士たちの村を訪ねましょう。
（一九九七年十二月十二日）

三　イエズスと共なるすぎこし

典礼は、歴史における、すぎこしの神秘と一つなのです。

深みの声に単純に従う霊的生活には必ず、この世からの処刑が待っていることを忘れてはなりません。それでも天の御里への小径《こみち》を単純に歩むのです。イエズスの神秘に抱かれるために。今、人類の希望も、この道にしかないのだ、ということを知りなさい。

この、この上ない仕合わせを拒否する者は、高森の円《まど》いを、去りなさい！　しかし、天の御里は、この地上にも既に現成するのだ、ということを決して忘れないように!!

仕合わせ、即ち仕えて一つになるというやまとことばは、正にこのことを表現しているのです!!

イエズスさまの与えた典礼は、イエズスさまの神秘そのままです。その誕生も存在も神の次元です。人間の意識の次元なのではありません。典礼は神と共なる生きるすがたと切り離すことは出来ず、その生きるすがたそのものと一つなのです。

どの社会、どの組織にも、法規というものがあります。その存続の要点を握る法規は、最も重要視されます。教会も、人の立場から見ると、一つの社会、一つの組織です。それを守るためには多くの法規がありますが、典礼に関するものは最も重要視されます。最も具体的な一つの例をとれば、私が司祭に叙階される頃、ミサのとき用いる聖杯《カリス》については、その材料は金属でなければならず、金メッキしてあることが規定でした。司祭叙階の前、聖杯のための献金を受けたとき、私はこの法規を退けました。

——日本人の心にとって、それは最も大切な材料ではなく、金メッキは嘘の象徴でもある——からでした。

私は周囲の者たちから異端視され、親しい友人も私から遠ざかって行きました。私は、日本に便りを書き、一人の方に、萩焼の坂高麗左衛門先生をお訪ねするように願いました。叙階されてから入院し、一年半後、日本に帰ったとき、萩に先生を訪ね、そこで灰かぶりの茶碗と出会い、足つけは、梵鐘作りの名人、香取正彦先生にお願いしました。バチカン公会議が始まった頃のことでした。すべて成り終わったとき、日本駐在の教皇使節閣下を訪ね、聖別していただきました。

教会には地下流があり、法規の相対性についての味わいがあることに、そのときも出会ったわけです。

高森の小さなお聖堂でも、始めの何年かは、立ってミサを挙げておりました。小さな空間で皆が坐っていて私だけが立っていることに不自然さを覚えましたが、敢て祭壇を除くことには思い及びませんでした。印度に呼ばれて行き、着くなり病気になり、間もなく嘘のように恢復して、アブシケタナンダ（ドン・ルッソー）というベネディクト会の隠者修道士と無一物で巡杖を共にした時、ある林の中で、共に、強くミサに招かれました。私共は大地に坐り、そのままミサをささげました。そして私たちは、これでよいのだ、と悟ったのです。

高森に帰ってから、高い祭壇をのぞき、ミサに与る人と同じように坐ることにしました。それ以後、世界中巡礼しながら、既存の教会や修道会以外では、このおのずからな様式でミサをささげました。それから、この地上でこの様式が、取り上げられるようになりました。

座禅の普及も、これとひびき合っています。

高森の典礼の歌は、無一物の生活の中で、田の仕事をしながら、おのずからに生れて来たものです。私が高森に赴いた三十数年前には、村人は未だ昔ながらの農作をしておりました。わたしもその生き方を学びました。「百姓は毎年一年生だよ」という教訓も村の古老から教わりました。やがて列島改造論が出る頃から、農業の仕方も現代化し、農協が音頭をとって、化学肥料、機械耕作、機械田植などが取入れられ、機械も次第に大型化してゆきました。この情況の中で、村の新参者の私たちは、数年の間、村人と行動を共にしましたが、それが間違いであることを肌身で知るようになりました。そして原初のやり方に帰ったのです。然し、既に汚染された土をもとのようにするのに、七、八年かかりました。毒を妊まぬ種を採るためにも。こうして、土の声をききながら、稲や他の作物の声をききながら、おのずからに、祈りのうちにひびき合ったのが、お聖堂での「お水のうた」〔本著作選集1巻、112頁以下参照〕なのでした。

農業の近代化と共に、行政、農協、商工所などが絡み、湧水直上のゴルフ場などを含んだ、観光大開発が始まり、物質主義、利己主義、金銭主義、幻想病の台風が八ヶ岳南麓に吹き荒れ始めました。住民の常識に問いかける民衆運動、法律家の皆さんの主動に助けられての裁判運動などが二十年近くつづきました。その中で、「お水のうた」はいつも静かに歌われていたのです。この近辺の情況は日本全部の状況を写し、そして世界の動向を示していました。

高森に移植して、村に落着こうとしたとき、最初の受難は、教会の方から始められました。

新しい土地に、私と二、三人の男が住み、女子は村の家で暮らしていた頃、村人の代表三人が卒然私を訪ねて来ました。

彼らは私に率直に言いました。

「あなたは人間じゃない。私たちは傍で見ていて、もう我慢出来ない。あなたの所の修道女たちは、朝五時には、あなたの所に来て、夜八時迄働きっぱなしで村に帰って来る。あなたたちの土地は十分大きいし、小屋もあるじゃないか。どうしてあなたの所に泊めてやれないんだ!!」

修道者として入植した私は、修道生活についての考え方を少しも問題視していませんでした。男女席を同じうすべからざることに関しての、教会の法規は当然のものでした。しかし、私はそのとき、誠意を以って訴える村人の心に耳を傾けました。そして、村人の誠意に従うことにしました。

住む所は別だが、祈る所、食べる所は同じにし、労働は、おのずからに分担しよう、と思いました。

しかし、外から見て法規を破った、この集団は許され得ませんでした。教会のあちこちから投石が始まりました。

そして遂に、高森の属する教区の責任者の司教様から、「教区を退くように」との通達が届きました。

それに、もう一つの事件が重なりました。その当時、修道女たちの黙想指導は、修道女の責任者が、男子修道会の責任者に頼み、その責任者が、或る司祭を任命していました。そのとき、責任者は私を指導司祭に任命し、私はそれを受取っていました。所が修道女会の責任者は、彼女たちの教区の責任者である大司教様に相談したようです。そしてその大司教様から、私の修道会の責任者宛に便りが届きました。

「押田神父には、一切の黙想指導を禁ずる」と。

「私の教区から出てゆくように」という命令を受けたとき、

「あなたを弁護したいから、医師の診断書をすぐ貰って来て下さい」と言っていた私の修道会の責任者は、

「四面楚歌だよ」とがっくりしていました。

私は言いました。

「ご心配なく。すべてそのまま受取りましょう。司教様にも私から御挨拶に行きます」

——あなたたちに先立ってガリレヤに行く。あそこで会おう——というキリストのお言葉を木の板に書いて、私は、高森をあとにし、そこの主任司祭が休暇帰国をしていた、東北の須賀川の教会の留守番をするた

めに、そこに向かいました。その途中、先ず御挨拶に司教館に寄りました。所が私は温かく迎えられたのです。そのときの、司教様の最初の質問はこうでした。

「誰か、留守番が居るのですか?」

そして最後のお言葉は「元気になったら、また帰ってきて下さい」でした。

私は間もなく、どこからとなく情報を受けました。当時、日本では、全国の司教様たちと修道会の責任者たちが全部集まって会議をしていましたが、その席上、ある司教様と、ある修道会の修練長とが、「押田神父の仕事は止めさせては不可《いけ》ない」と主張し、誰もそれに反論しなかった、というのです。

半年の後、私は、黙って高森に帰りました。

その司教様が老いて病弱となられ、新しい司教様が任命され、教区司祭たちの黙想指導に新しい司教様から招かれたとき、退任されていたその司教様も出席されていました。この世の社会の知らぬことほぎに出会いました。正に感謝の祭儀(エウカリスチア、即ちミサ)でした。

私共の道は従順の小径、従順の小径はすぎこしの道、

従順の小径の花は、不壊《ふえ》のほころび。

この小径は、彼岸への小径。それは、社会のどのような立場も超えており、そして、宗教伝承の区別も超えているのです。

既に語ったことですが、追いつめられて、周囲に相談する人とてなかった時、私は一人の不思議な仏僧に会いました。存在の砕かれた、謙遜そのものの人で、目の前の人だけでなく、遠くにいる人でも、会ったことのない人についても、その人の存在の霊的在り方を味わう、特別のめぐみを与えられている人でした。

私は何の説明もしないで彼にひと言質《たず》ねました。

「私が始めた修行的円いの営みを、続けるべきでしょうか？　止めるべきでしょうか？」

暫《しばら》く沈黙してから、彼は簡単に答えました。

「どうぞお続け下さいませ。道は必ずひらかれると思います」

仏教が本当の神秘伝承であることを確認した初めての出会いでもありました。五十代中頃のことだったのでしょうか。

四　御摂理への主体的かかわり

ビブロス、といえば、欧米人にとっては、夢のように遠い文化のようです。

地中海の東端のパレスチナの地、古都ビブロスの近くで、純粋にその土地出身の一人の修道女に会いました。会った途端に、二人で微笑み始め、そして笑い始めました。そして同時に言ったのです。

「私たちは、同じです」

彼女は自分の言葉で。私はフランス語で。

それは観察し考慮した後の発言ではなく、存在の咄嗟《とっさ》のひびき合い、でした。

私は、ゆとりのある時は、どこでも考古館を訪ねます。その出会いの確か前だった、と思います。レバノンの考古館を訪ねました。そして、紀元前十一、二世紀頃の、縄文土器、と出会ったのです。驚いたことに、材料と言い、技術と言い、存在感と言い、日本の縄文土器、と全く同じだったのです。確かイエルザレム近辺での会合の時でした。そこに、二、三人の西欧系考古学者が参会していましたが、私がこの話をすると、彼らは異口同音に言いました。

「あなたは、零の数を一つ間違っていますよ！」

現実の歴史は、ヨーロッパの歴史観や、それに基く、私共の歴史観をはるかに超えているようです。

私は、ライン河の原点の村でも、縄文土器を見つけました。それで村人たちにきいてみました。

「あなたたちは、この文化とどういう関係に在りますか？」

彼らは答えました。

「それは、ずっと古い野蛮時代のもので、私たちには何の関係もありません」

今、病床で、文献も、自分の著書や記録もなく、確認する術がない時は、「たしか？」という言葉をつけ加えますが、——フィリピンのルソン島の西南隣のたしかミンドロ島の山岳部族——マーニャン〈マンギャン〉族を訪ねた時、山の下で二人の男の子に会いました。日本で言えば相撲のふんどしだけを着用、腰には大鉈《おおなた》をつけ、その鉈で前払いしながら道を行きます。一人は大きな本を頭にのせていました。山道に入ったとき、その本を私が引受けました。そのうち汗だくになり、私もパンツ一枚になった時、一人の子が、「私が持つよ」と、私から本を取り上げました。道は急になり、最後は険しい崖になりました。一高時代、山岳部でよかった、と思いました。崖を上りつめた時、急に真平な平野になり、そこに数十人の大人、子供が待っていました。二人の子は彼らに私のことを説明していたようです。二人ぐらいの大人が私に近づいて質ねました。

「あなたは誰なのですか？」

「日本から来たマーニャン族です」

そして始めの瞬間から、互いに

「私はあなたと同じだ」と確認しました。

何も報《しら》せもなく到着した私は、逗留《とうりゅう》の間、家族として鄭重《ていちょう》に扱われました。

そこは、ちゃんと歴史があり、社会法規があり、約束があり、平和な秩序がおのずからに営まれている文化社会でした。

道の交叉点には郵便函があり、道行く人は必ず、そこから、自分が歩いて行く方向の郵便物を取ります。そして次の交叉点で、他の方向へ行く郵便物を郵便函に入れます。こうして、どの手紙も一日か二日のうちに相手に届くのです。

結婚の規約は、男のことを考えながらも、男が衿を正さねばならない筋合のものでした。

その民族には、和歌のような歌の伝承があります。一人の若者が一人の少女に結婚の希望申し出をする前には、その少女と歌合戦をしなければなりません。男の子は一人の友人を伴ってゆく特権がゆるされますが、それでも、その女性に歌で勝たぬ限り、申し出の権利は認められないのです。

歌の勉強のための文献はしっかり整えられています。

ルソン島の北部山中のイグロット族を訪ねたとき、私には一つの小屋が与えられました。私の小屋から見える山道には、一日に、二人か三人の人が通るだけでした。桃太郎時代に帰ったようでした。

ただ、神経質の私にとって、トイレのないことが一つの問題でした。最初の朝は早朝、皆が起きる前に小屋を出て納税した所、終わり頃に、二匹の犬に囲まれました。時々横目でちらり、と私の方をながめていました。納税が終わると、彼らは起ち上り、すっかりきれいに食べました。あとは自分のことで、水で手を洗えば、その他には何も要らぬことを知りました。

彼らは毎日、カモティ（さつまいも）を食べていました。米は、たしか、八月の頃と正月の二回しか食べない、とか。二、三日後、年老いた父親が居なくなりました。家族は日の暮れる迄、心痛め、思い悩んでいましたが、すっかり陽の落ちたとき、心を決めたようでした。その時、父親が現れたのです。米俵一袋を背に負って。山を下り、町へ行って米を買い、また歩いて帰りついたのでした。すべての貯金をはたいての一俵でした。戦時中、日本人の血も混ったこの家族の父親の心にふれて、私はヤマトことばの起源を思いました。しんせつ、とは親《みずから》を切る（親切）こと、しあわせとは仕えて合さること。

「私とあなたは一つである」という体験は、北アメリカのデンバーで飛行機を下りて、街を歩いていたとき、街角で、

「私の村に来ない？」

と言って語りかけたアメリカインディアンの青年との間にも、そして訪れたその家族との間にも起こりました。病臥している祖母を、私の母親と感じ、祖父を私の父親と感じました。

南米、サンポウロの郊外の、先住民のカトリック教会堂を訪ねたとき、その手斧《ちょうな》削りの仕方といい、木造の味わい、といい、全く日本の江戸時代以前の木造建築そのものでした。証人達が生きているうちに、いつか究明したい、と思いつつ時間が過ぎてゆきます。

アフリカのガーナの飢餓状態の中に招かれたとき、長いこと、一日三回立派な食事を用意してくれたまかないさんが、一日一回しか食事をしていなかったことを、お別れする日の前日に知ったとき、「私はあなたと一つです」という真実の深さを、骨身に滲みて味わいつづけました。

そこの司教様たちとミサをあげさせていただいたとき、一人の農夫が自分にとって何より大切な羊を、自分の背中にかついで、祭壇に奉献するために歩み寄って来るのを見たとき、私はただ泣きつづけるばかりでした。

これらの、いわば一口に少数民族といわれる人々の中核には、人間として核になる人、深い根をもった知慧の人がいます。

「あなたは私、私はあなた」という存在の出会いがしらのひびき合いは、二項対立の思考――論理的思考――や、自分達が想像しうる形――幾何学的形――によって形というものを規定出来るという錯覚や、細部に侵入することによって全体が把握出来る、という幻想や、より多く、より速く、より易しいことに価値があるという夢想に、把えられている環境では起きないらしい。言葉を変えれば、傲慢や欲望の牢の中ではあり得ないことなのです。

この牢獄に捕らわれ始めると、存在同士互いに含み合っているということも、全体と部分が含み合っているということも、忘れてゆきます。そして牢獄の暗闇の真中では、人間はどうなるのか？　日本の神戸の中学生の衝動的友人殺害事件〔神戸連続児童殺傷事件〕は、具体的な証しです。

そこまで認識する時が来たのです。

法の最後の取り締りをすべき「国」という現実も、今は無くなっています。

印度西岸の聖地に、巨大な日本人村とゴルフ場の計画が始まりました。そこは原発の予定地でもありました。その計画が実現すれば、そこの漁師も農民も生活していけません。助けてくれという絶叫が日本に届きました。日本の一人の良心が答えました。「その事業の最終的責任者をとらえて下さい」。そして彼らはそれをとらえました。それは、「国際観光振興研究会」というような名の、一つのグループでした。その所在地は、日本の運輸省でした。土地ころがしで土地を入手して来た、土地の大地主と印度政府と、銀行とが絡んでいます。住民の抵抗運動で、この計画は中止になりました。

多くの国際企業と称するものが無法の世界をとび廻っています。国家も、国際組織もなきにひとしいのです。この場合、日本政府が国際企業のまねをしようとしたのです。

もっと大きな国になると、もっと良心がないことがはっきりして来ます。

特急列車は断崖を落ちつづけます。戦争操作を止めるための国際法案が今になって、やっと国連に受け入れられた、と聞きましたが、遅すぎました。いろいろの国際法でも、この崖崩れと崖落ちは止みません。新しい、本来の生き方の現成だけが救いです。


自然の存在を与えるのも、新しい存在の在り方を与えるのも、諸々の摂理を与えるのも神のこと。しかし、もともと脆《もろ》い私共としても、自分の休養に責任を取ることや、神の与え給う摂理的かかわりのお手伝いをすること位はしなければなりますまい。

現在の、自己中心的、物質文明的傲りの世界は、国境を越え、この地上、この宇宙に、決してすべきではない多くの破壊事業をやって来ました。これ以上続けてはなりません。この迷いの世のさ中に、御摂理が何であり、何処に在るのかを、しかと明示することが御旨であることを思わねばなりません。

摂理において、神の洞窟へ消えゆくために、私が苦しみの中に生かされて来たように、これから皆さんも、そのように生かされゆくことを祈ります。私の手伝いという仕方であっても、その時も、私の代りに摂理にかかわっている、ということを自覚するように、祈ります。

高森の生活を始めるようになってから、地上のあちこちに高森が生れ、新しい地平の希望になっています。

そしてその頃からの、おのずからの、忘れられ、圧迫されている少数民族の人々への、ただ独りきりの巡杖も、これから、新しい摂理のすがたへとつながってゆくのでしょうか。

五　現在の状況についての簡単な註釈――誓願と求道について

西欧キリスト教に於いては、神の洞窟への修行の道を、三つの誓願によって示しました。即ち、従順、貞潔、清貧の誓願です。その基本は従順です。貞潔とは従順を現成するために、人間的執着から自由になることを神の御前に約束する誓願であり、清貧とは、同じく従順を現成するために、物への執着と訣別し、物の使用に於いても神のみと生きることの神の御前での約束です（――この点については、今、きわめて曖昧になっています――）。

このことは、神への修行の道を、誓願を立てた修道者に限定する、ということにはなりません。すべての人は、神の洞窟へ歩みゆかねばならず、そのための十字架の道行が待っており、ひとり、ひとり、自分の十字架を知り、受取ることが大切です。高森は普遍的福祉施設の場なのではありません。十字架の秘義の、ことほぎの場なのであり、すべての人にとっての、神への道行の場なのです。なればこそ、遠いまなざし、なしに、高森の修行、純粋の修行に、参与することはないのです。

心のどこかで結婚したい、と思っている人々には、高森に長く居住することは不可能でしょうが、短い滞在の後、いつか普通の家庭生活に入ったとき、その存在のどこかに、高森でのその人なりの出会いを運ぶでしょう。その出会いのひびきは、その子供たち、そしてまたその子供たちにも受けつがれて行くことでしょう。また存在の深層に満たされていない空白の穴を持っている人の滞在は、その人のその穴をしっかりと認め、受取るようにとの本人への、また人々への、招きでありましょう。

霊的生活の学びについて言えば、男だけの共同生活、女だけの共同生活だけでは、霊的に出会わないものもあります。例えば聖書を読んでいても、男が気付かない事があり、また、女が気付かない事があります。私は若い頃、一人の年取った修道女の歩き方を見て、霊性の境涯と、もろに出会ったことがありました。一度だけでしたが。そこにひびいていたのは母性的霊性でした。人間の霊性のすがたを十分に味わうには、男性の霊性と女性の霊性とが互いに補い合って一つであるすがたを味わうことが必要だと思います。

私が、ある一つの観想修道院から高森に招いた一人の修道女が、十年程の後、ひと時、もとの修道院に帰ったら、修道女たちが異口同音に言ったそうです。

「あなた。お母さんになった!!」

おのずからに、いろいろの十字架と出会う修行生活の中で、また司祭や修道者に近く奉仕する生活の中で、霊的に母となることを得たのでしょうか。

何年も前、ドミニコ会の神父、修道者、修道女、第三会*の信徒、ドミニコ会から発祥した修道会の神父、修道女、信徒たち、いわゆるドミニコ家族の、布教に関する国際総会が、スペインのアヴィラでありました。アヴィラの聖テレジアの記念祭の時です。

そこで、教会初期には、女性も布教活動をしていたことの証拠が語られたあと、一人の修道女の説教がありました。

公けの大集会での修道女の説教をきくのは私は初めてでした。そこには、論理的に展開する男の説教の匂

*修道会によってつくられたカトリック信者の会。活動修道女および男女の一般信徒から構成される。

いは全くありませんでした。ただ淡々と静かに、やさしく、そしてしみじみとわが子に語る母親の話しぶりでした。私は生まれて初めて、説教をききながら泣きました。

そこには、いつも沈黙の中に語っていた、自分の母親の姿がありました。

より便利に、より易しく、より早く、より多く、より自分に有利なように、という現代的志向の中では、女の場合もそうですが、男も育ちません。困難と積極的にかかわることを学ばなかった者が、社会でやって行けない、といって高森に来ても遅すぎます。女子も男子も高森とのかかわりはより若い時に始まるべきです。保育園、幼稚園、小学生、中学生、との接触、対話を積極的に考えるべきです。

私たちは、神様との霊的次元のかかわりを、頭だけで捉え、整理し過ぎて来なかったでしょうか？　聖座〔バチカン〕への誓願免除の願いが多すぎる、ということを、私たちは一緒に反省しなければならない、と思います。

私たちの霊的生活が観念化し、組織化し、安定化し過ぎて、内面的深化の現実に欠けて来たから、ではないのでしょうか？　修道生活が、今の世と共に、空白化して来ていることを自覚しなければなりません。

空白化した大伽藍や大修道院は、単なる時代の推移を語るものではありません。

今は、現代を具体的に去る時です。現代の崩壊を待つことなしに。

誓願を立てたというだけで、社会的上位ランクに組み入れられ、困難者を世話する施設では、その他の理由なしに、世話する側の人とされ、世話される人からは区別されます。教育施設では、誓願を立てた、というだけで、管理する側の人となり、教える側の人となります。ある混同が根に在りませんか？

神さまに向い、神さまとだけ生きるには、世話する者と世話される者、教える側と教えられる側、上位と下位、そういう区別は、本来、関心事にはならないのです。それがガリレヤであり、高森であり、神さまの円《まど》い、即ちエクレジア（教会）なのではないでしょうか？

どんな善意であっても、意識で作り上げるものが大切なのではなく、私どもの空のすがたを通して、神さまの御手から生れて来る事が大切なのです。

（一九九七年九月一日病床にて）

一つの喜寿によせて

この喜寿の祝いは私の喜寿の祝いではなく、かむいさまの小さな喜寿の祝い、かくれて祈って来られた小さな人々の喜寿の祝い、少数民族の方々をはじめ、歴史にかくれ、圧迫されて生きて来た人々との、無言のまゝ同じ涙で一つになる喜びの旅路の、喜寿の祝いなのです。

一九四八年晩夏、宮城の荒浜に口の開かぬ硬直体で放置されていた私を、あきらめきれぬ二人の修道士が隣村にとんで行って鉄の棒を借りて来て、歯の間に叩きこみ時を忘れて人工呼吸するうちに、意識と息をふき返してから五十年が経ちます。それ以来何度も死線をのりこえての、洞窟からの、かむいさまに招かれるままの旅でした。

（一九九九年三月二十日）

押田神父、晩年のことば

彼岸から聞く鳥の声も
赤ん坊の自分も
　今の自分も
何の区別もなしの
　ひっくるめのお委《まか》せの中に
おのずからに
　湧き出でてくる　彼岸のお水

（一九九八年十二月十日）

＊　＊　＊

表はぼやけているようでも、核はもっと輝いてきているよ。
——頭がよく働かず記憶や言葉が混乱しているのを受けて（二〇〇三年六月四日）

中世時代は神秘を神秘として感じてたろうなあ。歴史は我々の思うようには歩まなかった。

（二〇〇三年六月十六日）

正直に生きること、正直に覚えること、それしか出来ない。

（二〇〇三年六月十六日）

私はただイエズスさまと御いっしょしています。

（二〇〇三年六月十七日）

神さまと共にいる人達、そういう輪の中に高森もいるということ。だから高森も大切なんだ。えらくなってはいけないいんだよ。

（二〇〇三年六月二十三日）

高森には伝えたいことがあるから、神さまが高森に言わせたいことがあるから、だから大切にしなければならない。

（二〇〇三年六月二十七日）

イエズスさまの行にしても、マリアさまの行にしても、ヨゼフさまの行にしても、夫々《それぞれ》にかけがえがないけれど、同じような味わいがあるなあ。

（二〇〇三年七月二十五日）

限りなくすべてが生れているところに根があることを味わったとき、どんなに有難いことか。

（二〇〇三年七月二十八日）

人類の一番の根にある瞑想を、一番悪い時（病状の）に、ずっと観ていた。何千年とつづいた伝統の根。

（二〇〇三年七月二十九日）

神さまに完全に委せることの有難さを味わっています。そこに行の基本があることを味わっています。

（二〇〇三年八月一日）


高森草庵はわけのわからない所だ。高森草庵は穂を出す場所だ。人が穂を出す場所にしましょう。高森草庵が穂を出す場所であることを誰も知らない。

（二〇〇三年八月十二日）


我々は一つなんだという思い、それが最初からあったんだ。これは高森草庵が新しく始めた歩みではないんだ。世界中の隠れた所にあったんだ。……私達の意志ではない。私達の中に何十年も前から必然的に起ってきたこと。

（二〇〇三年八月十九日）


おらえは楽者（気楽な風来坊）だと思っていたが、普通の人間だった。この世は普通の人間が苦労するように出来ている。神さまはいじわるじゃ。神さまって、かわいいなぁー。神さまはいじわるで、皆を大事にしている。

——劇のセリフのように歌うように語られる（二〇〇三年九月十八日）

神さまってメッチャいい方や、少しやない、メチャクチャにいい方や。

——車いすで散歩に出た時に涙を流しながら（二〇〇三年十月九日）

こんな複雑などうしていいかわからない世の中で、単純な一つの声をあげていくことなのです。

（二〇〇三年十月二十日）

神さまのよろこびとされていることを選んで、組織してよろこぶことではないんですよね。神さまのよろこびを、よろこびとしていくことです。隠れに隠れて、深みで一つになって、神さまのよろこびを生きることなんですよね。

（二〇〇三年十月二十五日）

神さまはすばらしい！　神さまはすばらしい！　神さまはすばらしい！……
神さまを賛美する！　神さまを賛美する！　神さまを賛美する！……
アーメン。アーメン。アーメン。

――たどたどしいことばで、歌うように、楽しそうに（二〇〇三年十一月五日〔帰天前日〕）

《エッセイ》 神父さまの最期から

最後のお世話をさせていただいた者として心に浮かぶままに

聖　体　尼

亡くなられる一月《ひとつき》位前のことだったでしょうか、〝しげちゃんはもう少し何者かかと思っていたけれど、何でもない普通の人の一人でしかなかったよ〟としみじみと語られ、その頃から御自分のことを〝しげちゃん〟と呼ばれるようになりました。本当に小さい者となって、ただ単純にその時その時を霊止《ひと》として最後まで積極的に生きられ、そして静かにそっと彼岸に移ってゆかれました。

——〝死ぬ時は挨拶なんかしないよ〟と言ってらした通りに——

そこには何も特別な意識など入る余地はないようにみえました。

神さまにつかまれた一人の預言者として、神さまの手になり切って、神さまの声になり切って、特急列車が断崖に向かって突進する速さを増すほどに、〝叫ばなければ！　叫ばなければ！〟と世界中をかけめぐって、叫びつづけられた神父さまは、死の二、三年前頃から御自分の生涯をふり返って、〝あんなこともあった、こんなこともあった〟と次第に大切な場に呼ばれるようになり、御自分のことばが受け取られて新しい地平が開かれていったことなどを、何度もくり返し話して居られました。神さまの手として使っていただいたこと、神さまの御手の働きをしみじみと感謝のうちに思われてのことと聴いて居りました。

けれども、最後の半年はそういうこともすっかり消えて、もっともっと存在の深みに生きてらっしゃるようにみえました。数日私と付き添いを代ってくれたシスターに、〃かむいさまの洞《ほら》の中で沈黙を大切にしたいからそっとしておいてほしい〃と願ってらっしゃいました。存在の深みに留まってらっしゃる神父さまは、他人《ひと》と会うことを厭《いと》われ、いつも神さまの中に何かを思い味わってらっしゃるようでした。私共はそっと遠くから見守らせていただくだけでした。

心臓が悪くなって八年間高森を離れての闘病生活でしたが、亡くなられた二〇〇三年はじめから病状は少しずつ悪化していました。東京の病院に居られた神父さまは高森に帰りたいと申され、あたたかくなったら、高森のきびしい気候を考えて田植えが終ったら、帰りましょうと話し合って居りました。病状が悪化してからは、一週間に一度は病院に見舞うようにして居りましたが、六月はじめ田植えが終って行った時には相当に悪く、御自分でも、高森に帰るのは今は無理だからもう少し落ち着いてからにすると申されました。それから二、三日後病院から、神父さまの状態がよくないからすぐ来るようにと連絡があり、とんで行きました。血液中の炭酸ガスが常人の倍以上もあり、先生がこんな大きな心臓は見たことがないと言われるほど心臓も肥大していました。そして主治医の先生から、〃押田神父さまは特別な人だから何とも言えないが、普通の人ならこういう状態になったら長くてもあと二週間です〃、と告げられました。頭がよく働かず不安になってらっしゃいましたから、それ以来ずっと二十四時間付き添うことになりました。

婦長さんから〝苦しいでしょうね〟と言われると〝(苦しみは)最後のところまで来ています〟と答えられ、主治医の先生には〝(苦しみについて)今までにない経験をしています〟と話されるほどの苦しみでしたが、神父さまのあのユーモアで一時一時《ひとときひとしとき》を耐え、看護婦さんには冗談を言ったりもされました。〝高森で最後の時を〟と思って下さっていた主治医の先生も帰る時を逸してしまったのでは、と心配して下さいましたが、先生のおはからいで八月六日にどうにか高森にお連れすることができました。高森に帰ってからも苦しさは増し、ある時は、あまりの苦しさに〝がんばれ！　がんばれ！……がんばれ！　がんばれ！〟と自分を励まされ、またある時は、〝神さま！　神さま！〟と悲鳴の叫び、またある時は、〝デオグラチアス(神に感謝)！　デオグラチアス！〟と必死で苦しみを受けとめられました。それも極まって〝殺せ！　殺してくれ！〟と叫ばれるほどの時もありました。

それでも、その時その時を、ただ単純に積極的に生きぬかれました。少し調子がいいと、〝あと十年生きられると思う？〟と問われて驚き、〝その心臓で？〟と応えると、〝あと五年はどう？〟と言われるほど生きる意志はいっぱいでした。死ぬかもしれない、最後の時かもしれない、との思いはいつもあったものの、死ぬことではなく、ただ生きることを思い、せいいっぱいにし尽されたようにみえました。死の準備をするとか、最後の時を過ごす、というような意識は全くなく、ただ存在するということの深い根のところ、生きるということの一番深い根のところを単純に生きてらしたのだと思います。それは私共が聖なる人の最後として想像しがちなものとは次元の異なることでした。押田神父さまそのものでした。神父さまが私共に説いてやまなかったのもそのことではなかったのでしょうか。

病の苦しみの中にあった最後の高森でしたが、一寸のすきもないほどに与え尽くしてこられた神父さまにとっては、神さまの洞《ほら》の中での静かな豊かな時でもあったように思われます。

いつも何か言うと、〝そんなのは観念だ！ 意識の世界だ！〟と叱られましたが、神父さまの最期をみせていただいた今、今まで以上に〝そんなのは観念だ！ 意識の世界だ！〟という神父さまのことばが心にひびいています、ただただ単純に、真剣に、まごころこめて生きること、その姿を見せていただいたような気がしています。神さまに、そして神父さまに、心から〝ありがとうございます〟と申し上げたいと思います。

神父さまが生きてらした時には、その大きさ、あの遠い大きな眼ざしに目を奪われていた私は、今神父さまの清さ、透明さをしみじみ思い、はるかに及ばぬながら、それに与《あずか》る道を歩ませていただきたいと心から願います。

《詩》 押田師を偲んで

井原　彰一

四十年前に初めて高森でお会いした時から
昨年秋までの師の息づかいを想いつゝ……

秋の終わりのころであった。
霊に導かれ、神を求めた一人の男が
高森の土にかえった。
すすきが風になびいていた。
土手には名もない花がひっそりと
ひっそりと咲いていた。
小さな男であった。
小さな、小さな息を
そっと神にかえした。

《エッセイ》野の花、空の鳥――押田神父一周忌に寄せて

石井智恵美

時がいくら過ぎ去っても、色あせず、益々その濃密さが深まってゆくような記憶、いや、その当時はもやがかかっていてわからなかったことが、時というフィルターにかけられて、澄み渡り、鮮やかに見えてくるような記憶。

押田神父をめぐる記憶は、私にとってそんなふうだ。

思い出せば、泣き出さんばかりに幸福で、暖かく優しく、また時に厳しく、今も語りかけることをやめない。

「ねえ、神父さま、あの時におっしゃったことは、こういうことだったんですか。あの時のことばはこういう意味だったんですか」

心の中で神父さまに問いかけては、あんなに大きな人のそばにいられる幸福に恵まれながら、なかなか心の目の開かない自分の無明の深さが情けなく、いたたまれない。

神父さまのそばでお話を聞かせていただく時、多くの人がそうであったように、私も全身を耳にして聞き入っていたことを思い出す。すべての言葉の意味、お話の意図を消化しきれたとはとても言えないのだが、神父さまの存在感、発せられる清らかなエナジーが、聞いている私たち一人一人に沁みこんできて、いつのまにか不純なもの、ざわざわとしたものが消えてしまい、澄んだ明るい喜びが、こんこん

と内から湧き出してくるのを感じるのが常だった。

「宣教っていうのは、会社の宣伝みたいに、キリスト教の教えを説明して、信者を獲得するっていうような安っぽいものじゃあない。キリストによって存在が変容した人が、その存在によって徐々に周りの存在を変容してゆくことだ」と、語っていたのを覚えている。

押田神父は、まさにそういう方だった。

いつか、ある方の洗礼の前日に、夕飯が終わってから準備会があった。十五、六人はいただろうか。

「さあ、これから俺が質問するが、これに答えられなかったら、明日の洗礼は取りやめだ。洗礼を受けるあんただけじゃないよ。他の人は皆、もう洗礼を受けているんだから、全員ちゃんと答えられるはずだ。じゃあ、質問するぞ」

しーんと静まりかえって、緊張が最高潮に達した時、信じられない音がした。

「プーッ」

私は、このまじめな場面で笑ってはいけないと、必死にこらえていた時、隣のMさんが
「いやだあ、神父さま！」

と噴き出した。

すると神父さまは即座に
「俺じゃあねえよ！」

とムキになって否定したのだ。

爆笑の渦である。

——あんな真剣な場面でおならができるのは、神父さまぐらいしかいない、と私も思った！　あそこ

までムキになって否定するとは、やっぱり恥ずかしいのかな——

と思いながら、笑いに笑った。

(後日、精神的に緊張するとおならが出てしまう方がいて、その方だとわかった。ぬれぎぬを着せてしまってごめんなさい、神父さま。)

押田神父のそんな人間くさいエピソードは、枚挙にいとまない。そして私達は、笑ったり、怒ったり、歌ったり、踊ったりする神父さまの姿から、自由の有り様を、まざまざと見せられた。そして無言のうちに、問いかけられた。

「あなたも〝自由〟へと生きるように招かれているんだよ。あなたもかけがえのない一人の人間として、自由に生きることが許されているんだよ。何故、そのように生きない?」

自分の無明の姿、不自由な姿をまざまざと見せられても、あそこまで自由の有様を見せられてしまうと、もう、降参、である。及ばずながら、私も自由の道を生き始めるしかないではないか。

押田神父はその意味で、本当に司祭だった。

権威とか気取りとかはまったく無縁であり、ただ神様の事柄をあからさまに示してくれるという意味で、まさに司祭だった。その明るさ、その自由さ、その深さ、その預言者としての洞察、人間的な欠点も含めて、一点一画の混じりけもなく、神様を示してくれた。

それはイエス・キリストが
「野の花、空の鳥を見なさい」

とおっしゃったように。

神父さまの生き様の中に、野の花、空の鳥の自由さが映っている。

押田神父に出会う前までは、生意気な学生の私は、人間は皆、そこそこの力を神様から与えられているのだから、努力すれば何とかなると思っていた。でも、押田神父に出会ってからは、どう逆立ちしても勝てない人がこの世にはいる、と悟った。そして静かな明るい喜びが、敗北感と共にやってきた。だからこそ、かけがえのない一人一人の道を歩んでいくことができるのだと。

一周忌の高森草庵の森は、どこもかしこも色づいて、美しい秋の日だった。集まった人たちを祝福するかのように、木立から黄金色の葉が、青い空に、次々と舞っていた。

「高森の秋はいいなあ。こんなに透きとおった感じは他にはない」

と歌うようにおっしゃってた押田神父さまの声が聞こえてくるようだった。

こんなふうに、私は目に映るものすべてのもの、これから出会う出来事の中に、押田神父の姿を見つけ、対話し続けてゆくだろう。

「一回出会ったら、何度も出会うんだ」

とおっしゃっていたように。

色あせた記憶、濃密な記憶をたどるうちに、その底におられるキリストに、隠れ身さま（神さま）にめぐり合うこともあるだろうか。

押田神父さま、教えてください。

《エッセイ》 押田師のご病歴

長山　直弘

押田成人師は「私の一番の師は病気だったなあ」と述懐されたことがありました。師の一生を振り返る際には、師が経験されたご病気について思いを寄せる必要があります。私は一九八一年から師のお身体の健康面を担当させていただきました。それ故私は私の目に映った師のご病気を私の理解に従って、想い出を交えながら書かせていただこうと思います。

押田師は幼少の頃から星空を見ては激しく泣かれたそうです。夜空に吸い込まれてしまいそうで、不安と非常な怖さを感じられたということです。発狂しそうだったとよく言っておられました。そのご様子に、ご両親はとても心配され怖れられたと聞きました。また押田師は子供の頃から胃が弱く、脂《あぶら》ものを食べることができなくて、お父さまが、栄養あるものが食べられない、と言って困っておられたそうです。十歳のとき結核性胸膜炎に罹られ、自宅療養されましたが、この時から結核は師のご生涯に大きな関わりを持つようになりました。

師は「自分には小さい頃から大きな洞《ほら》の中に深く潜んでいるような感覚があった」と仰っていました。これはインドの智恵によれば、或るチャクラ（霊的次元と身体的次元を結びつけるエネルギーのセンター）が目覚めている人において認められる現象だと言います。七つあるチャクラのうち、呼吸器と関係の深いヴィシュダ・チャクラ（のどの高さにあります）が目覚めている人に認められる現象だったように記憶しています。ヴィシュダ・チャクラが目覚めると無執着になるとも言われていますが、師はまさにそのような方でした。また師は最後に心臓病で亡くなられましたが、心臓は愛のチャクラであるアナハタ・チャクラと深い関係を持っています。キリストのご絵にはよく輝く心臓が描かれていますが、それはキリストの右脇腹から突き刺された槍が心臓にまで達したということと関係しています。愛のチャクラが最大限に開いていたキリストは痛みをまともに心臓に受けられたのでした。これらのことを考えると、師のご生涯はヴィシュダ・チャクラおよびアナハタ・チャクラを巡る、元々開いていたこれらのチャクラが更に深化して輝くようになるための、ご生涯であったと私は思うのです。

一九四四年（二十二歳）、軍隊にて胸部レントゲン上異常影を指摘されたそうです。四八年（二十六歳）、結核菌の排菌陽性が判明し、肺結核再燃と確診され宮城療養所に入所されましたが、同年海水浴中に溺れ、ほぼ溺死状態で救助され、或る修道士の必死の心肺蘇生術で一命を取り止められました。全身強直するなか、修道士は口をこじ開けて、その辺りにあった管を突っ込んで空気を送ってくれたということですから、本当に命は危うかったと思われます。しかもすんなり回復とはいかず、吸い込んだ大量の海水のせいで肺結核に加えて肺化膿症（肺炎の重症なもの）に罹られました。その頃の胸部レントゲン写真を拝見したことがありますが、右肺はほぼ無気肺（空気の入り込む余地がない状態）になっていて、左肺全体にも肺炎の陰影が厚く浸潤していて、今日から見ても極めて重症でありました。「一つの息を吐くと、次の息をどうして吸おうかと思った」と、仰っていたほど呼吸が困難だったのです。

しかし、まさにこの時に師は独力で呼吸法を習得されたのでした。それは昔から優れた修行者に知られていた呼吸法でしたが、師は独りでその地平を歩み始められたのです。呼吸困難に陥ったからといって誰にでも習得出来る筈はなく、師にそれが可能であったのは、小さい時から感じておられた深い洞の中にいるような存在感覚と無関係ではないでしょう。師が肺結核、溺水、肺化膿症、(のちに経験された)大喀血といった呼吸器に関する甚だ危機的な状況を幾度となく通り過ごしてこられたのは、元々の霊的な素質の上に、これらの病気を通して丹田《たんでん》呼吸を肉体的だけでなく霊的次元で習得されたからでしょう。それによって、元々開いていたヴィシュダやアナハタのチャクラがより深い次元で開き、必然的に霊的エネルギーが増大し、その結果、肉体次元の病気の修復が可能になったからでしょう。白隠禅師や中村天風と同じです。たび重なる死の淵の体験はそのたびに師の存在を無意識的に深めていったと私は思います。

五〇年(二十八歳)、退院後間もなく修道院へ入られましたが、二年後肺結核再々燃し、二年間入院されました。五九年カナダへ行かれましたが、六二年胸部レントゲン悪化と再排菌(再び結核菌が喀痰より培養されること)が確認され、そのままカナダの病院に入院され、二年間結核化学療法を受けられました。修道院内で仮病をつかっているのではないかと疑われておられた時期もあったそうです。コトことばの世界に生きておられた師は弁解しない人でした。

カナダから帰国された押田師は、六四年、気管支拡張症による喀血のためS病院に入院され、右肺全摘術を勧められました。その病院は一側肺全摘術の経験がなく、師が最初の症例になられる筈でしたが、師は頑強に反対されました。師のあとに最初の症例となった人は亡くなられたそうです。

喀血が止まらないため右肺下葉切除術を受けられました。開胸したところ胸膜癒着が強く、手がつけられない状態であったため、執刀医は右肺全摘術を主張しましたが、受持ち医が師との約束を守って譲らず、右肺下葉切除術になりました。術中出血が多く、輸血が間に合わず、全身が冷え切って、脈は触れなくなったそうです。それでも一命は取り止められましたが、これもたまたまの幸運によるものではなく、師の霊的エネルギーが身体の物理的エネルギー不足を補い助けたことによると思います。

この危険な手術をもってしても師の喀血は治まらず、術後十五年間寝汗をかかれていたということです。それは右肺中葉に著明な気管支拡張部位が残っていたからでした。

術後押田師は須賀川《すかがわ》の教会に居られたことがありました。私が東大カトリック研究会の扉を叩いたのはその頃のことです（六六年）。応対してくださった宮本久雄先輩（現ドミニコ会司祭・神学者）はすぐ押田師を紹介してくださり、是非会いに行くようにと勧めてくださいました。私を確実に師の所へ行かせようと思われたのか、私に師へ届ける品物を風呂敷包みに入れて持たせてくださいました。

次の日曜日、朝早く起きて須賀川へ行きました。お会いして立派な方だとは思いましたが、今考えると全く理解できていませんでした。どんな話をしていただいたのか覚えていません。ただ両側に田んぼが広がっているアスファルトの田舎道の端を歩いているとき、土ぼこりを巻き上げながら走り去って行くトラックに背を向けながら、当時医学に全く興味のなかった私に、「私は肺が弱い」と仰ったことを、その時の師の息づかいと共に、不思議なほど鮮明に覚えているのです。

その時から一、二年カトリック研究会に入部していました。あるとき他の部員と話をしているうちに、私が「押田神父より○○神父の方がいい」と言いました。その時に、私は押田師の悪口も言いました。そのことが押田師の耳に入り、ひどくがっかりされ、みなが集まっている時に、私に向かって

「先輩の悪口は言うな。これは絶対にいかんぞ。言いたいことがあれば、直接言え！」

と、仰いました。私は何も答えることができませんでした。

それからも一、二年たまに高森へ行きましたが、高森の目指しているものを充分には理解していなかったと思います。私はいつしか高森と関係のない所で生活し、諸々の事情により不安定な精神状態へ陥ってしまい、暗い日々を過ごしました。

七五年（五十三歳）、押田師は右肩甲部に軽度の盛り上がりがあることに気付かれました。第六感を持った或る修道女に、そこは揉んではいけないと言われ、ハタと体調の崩れがこの部位と関係あることに思い至られました。この部位を揉むと体調が悪くなったり、頭が働かなくなったりされていたのです。東洋医学的に説明すると、気の流れが滞って、肺経に関係する風門や肺兪といわれる経穴（つぼ）に不具合が生じたのだと思います。

この頃から師は東洋医学的なものと接点を持たれるようになりました。行をなさる方は必然的に身体を巡る気とかもっと高い霊的エネルギーとかに気付かざるを得なくなりますから、当然の成り行きであったと思います。

八一年（五十九歳）十一月、喀血のため国立療養所東京病院へ入院されました。この時の受持ち医は押田師のお兄様である押田芳郎先生の友人の米田良蔵先生でした。東京病院に勤めていた私は、新患カンファランスで、黒板に書かれた「押田成人」というお名前を見て驚きました。すぐ米田先生のそばに行って、押田師は重態なのかと訊ねました。米田先生は笑って「大丈夫だよ、大したことないよ」と言われました。私はその日に師の所へ挨拶に行きました。師はすぐには思い出されませんでしたが、徐々に思い出されたようでした。入院なさっている時に、私は約十四年前の無礼を謝りました。師は「そんなことがあったのか、大したことじゃないんだろ？」と言って笑っておられました。

この時から帰天される迄の二十二年間に、私たちの病院に十三回（通算三年四か月）入院なさり、私はその間受持ち医をさせていただくことになりました。

七六年頃から高森草庵の近くにある「小泉」の真上の観光開発問題が発生し、押田師はそのことへの反対運動に精力を注がれました。全面勝訴に終わったものの、面会者や講演が多く過労になられ、左顔面、左眼、左耳の痛み、頭痛、右上背部痛、血圧上昇がひどくなられました。要するに過度の疲労・緊張からきた全身の経絡異常と自律神経障害です。そのため八五年十一月に東京病院に入院されました。不眠が強く、入眠困難な上に睡眠が浅く、わずかな物音にも飛び上がられるご状態でした。色々な組織から嫌がらせ・脅迫を受けておられたり、当時まだ外国に内陸部を開放していなかった中国の内陸旅行で数々の危険な目に遭われたりされた後だったので、師の極度に神経過敏なご状態はやむを得ないことでした。ナースが午前二時に懐中電灯をかざしながら巡回するのですが、それによって安眠が妨げられると仰って、大層立腹され、ナース・ステーションに怒鳴り込まれたことがありました。しかし、ナース側は深夜に巡回しないと患者さんに何かあったら非常に困るというのです。一方師は、深夜に巡回に来られると休養にならず、疲労が回復しないと仰るのです。結局午後九時〜午前六時の間は巡回不要、何か起こった場合は受持ち医が責任を取る、ということで決着しました。夕刻ナースの巡回しない時間帯に、個室のベッド脇で、ベッドより低い位置に祭壇を築かれ、こっそりミサを捧げておられました。小さな祭壇の周りが神秘な光に包まれているのを見て、私は感動したことがあります。

九四年（七十二歳）十二月から翌年八月にかけて、押田師は平和のための世界巡礼の旅に出られました。これが師のお身体には負担でした。九五年七月頃不整脈を自覚されるようになられましたが、なお世界中を飛び廻っておられるうちに、冬には狭心痛や二段脈が発生して、九六年一月東京病院に入院されました。この時から心臓に拡張期及び収縮期雑音を聴取するようになり、僧帽弁閉鎖不全症と心室性期外収縮の多発を認めました。またこの時から循環器系の病院として有名な榊原記念病院へも通院されるようになりました。これまではもっぱら呼吸器の症状で苦しまれていた師でしたが、呼吸器の症状は落ち着いてきて、喀血もトリカブト中毒事件を契機にピタッと止まっていました。しかしこののち心臓の症状で苦しまれることになったのです（「トリカブト中毒事件」とは、高森の仲間がトリカブトを食用植物と勘違いしておひたしを作り、それを食した人たちに中毒症状が出た出来事。特に、完全断食直後であった押田師には、手足のしびれ［感覚症状］と麻痺［運動症状］が現れ、最後に呼吸もできなくなられました［呼吸筋麻痺］）。

世界巡礼の際の過労や感染、また心臓弁の動脈硬化などが原因として考えられますが、そのようなことになったより根本の原因は、師が世界平和のための代償を身に受けられたということであろうと思います。十字架上のキリストが兵士の槍を心臓で受けられたのと似ています。このようなことは普通の信仰心の人には起こりません。ある程度以上超自然とツーカーになっていないと起こりようがないのです。師はかつてヨーロッパで中風の人に手を当てて癒されたことがありますが、そのような能力と関係しています（アナハタ・チャクラが開いている人にこの能力がみられるということです）。この時には病人に当てられた手にアザが出来たとのことでした。「何か受け取るみたいだね」と仰っていました。大腸経の合谷《ごうこく》というツボ（第一指と第二指の間の付け根部分）の位置であったと記憶しています。抗不整脈剤を飲んでいただきましたが、飲まれると喘息発作が出るようなデリケートなお身体でした。

しかし病状は次第に進み、九八年（七十六歳）暮れ頃から連合弁膜症（僧帽弁閉鎖不全症＋三尖弁閉鎖不全症）・慢性心不全になられ、常時酸素吸入が必要なご状態になられました。

その後何回か心不全増悪による入退院を繰り返しておられましたが、五回目の心不全増悪により二〇

○一年七月二十八日伊那中央病院に入院されました。呼吸困難がきわめて強く、意識混濁もありました。いかにも重篤で、今までの入院とは打って変わったご状態のため、もう最期かと思われました。しかし幸いにその状態からも快方に向かわれましたが、八月半ばに骨粗《こつそ》鬆症《しょうしょう》がもとでギックリ腰になられ、療養継続のために寝台車にて東京病院へ転入院（同年九月六日）されました。

その頃の押田師のお言葉をご紹介します。

「（田中信明）管区長の話では、管区長は『押田神父は臨終だ』という電話を涙ながらに全国（のドミニコ修道会）に流したそうだ。管区長が泣いて電話したということだが、どうして泣いたのかと考えてみた。自分はいつも中心に居ないで、端っこ者みたいにしてきたが、だけどみんなその端っこで動いていたのだね。自分は何もしないのですよ。だけど自分がいるだけでミサが違ってきた。グレゴリア（聖歌の歌い方）が違ってきた。これも存在の響き合いだなあ。みんなそういうものを意識するようになった」

「神さまというのは、何か喜劇役者のようなところがあるね。劇作的なところがないと十字架と復活は出てこない。弱い人間の中の不思議な柔らかい強さ。伊那の入院なんかもそういうことを感じるね。突然ああいうことになって、あれだけ休める。苦しい思いもしたらしいけど、そっちは覚えていない。

　この数か月私はコメディアンの神さまを感じている。これからはコメディアンらしく、コメディアンの神さまに仕えようか

病床にて（2002 年 2 月 21 日）

と。少し前まで二、三人の指導的立場の人たちと話して……と考えていたけど、中国で患者として一緒にいた人がこの間（高森に）電話をかけてきて、（押田師のことを）コト言葉を自分に話した唯一の人だと言っていたそうだ。普通の人でもちょっと話すと響きを感じる。そういうコメディアン的なのもいいのではないかと」

「宗教会議に（トマス・）マートンと出席したとき、私の格好（作務衣とモンペ）を見て『あなたは言うことも言うけど、あなたの衣裳は一番貧しいが、一番楽しく美しい』と言われた。数年経って日本の有名なデザイナーが流行らせた。ヨーロッパから高森に来た若い女性が着ているので、どこで買った？と聞いたら、ヨーロッパではみんな着ていると。成る程自分は昔からコメディアンだった」

二〇〇三年三月十七日～七月二十八日最後の入院をしていただきました。「最近苦しさが強く、自分が自分でないみたいだ」と仰っていました。両下肢に浮腫増強を認めました。この時喀痰より悪性細胞が検出されました。前年七月に比べて右の膿胸腔が拡大していて、膿胸関連リンパ腫（悪性腫瘍の一つ）と思われました。心拡大進行し、「ボーッとしている。こんなの初めてだ」と仰いました。胸部レントゲン上肺うっ血の所見が出てきました。こうして生涯の最期が近づいていました。

高森の関係者の方々から、押田師には高森で亡くなってほしい、という要望があり、それを師は受け入れられて寝台車で高森に帰っていかれました。私は途中まで同乗して、どこかのインターチェンジでお別れしました。それから十一月六日に帰天されるまで三か月余り身体的には苦しい日々を高森で過ごされたのですが、私はそんなに生きておられるとは予想しませんでした。

押田師の境位は外部に現れ出るものでした。周りの者にも感じることができました。カナダの樵夫《きこり》も版画家のヨゼフ・ドミヤンも、その故に見ず知らずの押田師に声をかけ、一生懸命に自分のことを話したのでした。ヨーロッパの人たちが師と一緒に坐りたがったのも同じ理由です。境位というものが決して主観的なものでなくて客観的なものであり、外に現れ、周りを感化するものだということ（もはや個人ではなく一つの大きな場所のような存在になり、その中で皆を支えているという意味で場所的個と呼ばれます）、人間存在というものはこの世に生きているときから物理的次元とは別の霊的次元を持っているということを、身をもって示されました。それは小動物にも及び、多くの小動物が押田師の高森の庭や田んぼを自分たちの死に場所として選んだとのことです。まるでアッシジの聖フランシスコです。

師は智恵の光を持っておられました。存在は本来互いに含み合うものであるのに、抽象化、概念化＝理念化されて、対象としてみられるようになり、それを基礎に自然科学は発達しました。対象を我とは別のもの、関係のないものとして扱うので、出て来た結果や理論は我と含み合うことはなく、独立したものになり、したがって我はそれに責任を感じなくなります。その結果が原爆です。実際は全ての存在は宇宙全体の中で響き合って存在していて切り離せません。このことに気付いて、存在の根に立ち帰ること、そのために内的沈黙を深めていくこと、そして含み合いの世界も通り過ぎ、知られざる深みからのものに誘われるまで鎮まっていくことが、断崖絶壁に向かって走っている現代文明を救う唯一の道であることを、人類の中で唯ひとり押田師は看破されたのでした。

（ながやま・なおひろ／医療法人財団保養会竹丘病院院長）

《エッセイ》ふるさと高森草庵

葛西　實

インドの故郷

中国、上海からの帰国早々（二〇〇六年十月十七日）にマレー・ロジャースの訃報があり、呆然となった。マレーは英国ケンブリッジ大学在学中（一九三七〜三九年）、M・K・ガンディーの心友C・F・アンドルーズとの出会いを契機にして、インドからの招きを意識した。そして、プロテスタントの宣教師として家族と共にインドに渡航し、電気・水道のないインドの僻地《へきち》の農村に小さなキリスト教のアシュラム（共同体）を創設し、インドの貧困、宗教の対立（ヒンドゥー教、イスラム教、キリスト教）のただ中で祈りと奉仕の生活をしていたのであった。

アシュラムの日々の歩みを支えていたのは、早朝の沈黙の祈りと御ミサであった。闇から光へ移っていく早朝の沈黙の祈りによって、苦しい日々を生きているにもかかわらず、神による祝福された現実の証言者として生きていく力が与えられていることが不思議と自覚されるのであった。そのことによって、「自分の思い・言葉・行動が、神の思い・言葉・行動となりますように」との祈りへと促されていった。

マレーのアシュラムは、私のインド滞在中（一九六〇〜六六年）における心の故郷となった。ここで学んだことの中核となるものには「生命線としての早朝の沈黙と祈り」があったが、それは同時にインドの現実――インドのうめき、祈り、ビジョン――の自覚ともなった。

日本の故郷

マレーは高森草庵を初めて訪れた時、草庵の風景に原風景としてのふるさとを発見して喜び、感謝と祈りに満たされていた。草庵の中心にはお聖堂《みどう》の沈黙の祈りがあり、その沈黙の祈りに秘められた神のお招きを小泉、田圃、大地、山々、大空、森、一輪の花が証言していた。沈黙の祈りの深さに生かされている押田神父とマレーとの出会いは、神の恩恵の出来事であった。一言で要約するならば、草庵に世界の、そしてお互いの痛み、苦しみ、涙を共にする場と時とが与えられたからである。

マレーはこの感動をひとり心にとどめておくことができず、インドの心友アビイシクタアナンダ、J・ステユーアート、R・パニカに語り、押田神父をインドに招待したのである。アビイシクタアナンダ、ステユーアートは、押田神父との出会いを神からの贈り物としてしばしば回想していたが、両者の心を最も捉えたのは座禅姿の押田神父の存在感であった。

左より、筆者、レイモン・パニカ、押田神父

世界的に著名な宗教哲学者R・パニカは、押田神父のインド滞在中には国外にいたので、草庵を訪ね、押田神父とお会いすることは彼にとっては一つの悲願であった。やがて、遂にそれが実現

されることとなった。その時の光景は忘れることができない。そのクライマックスは、押田神父を始めとして草庵在住の全員――十名を越えていたと思われる――が、それぞれショール、上着、襟巻、タオルをふって別離を惜しんでいる姿を、駅に向かう道の最初の十字路の手前の坂でパニカが気つき、彼もレインコートをとって精一杯にこたえていたことであった。

未見のドイツの故郷

二〇〇六年の高森の集いの接心に参加されたイムスハウゼン共同体のペーター兄弟との出会いも、一つの大きな驚きであった。接心の直前、初対面であるにもかかわらず会った瞬間に心が喜びに満たされていることを覚えた。そして、接心終了直後の食事中の一時《ひととき》や、ドイツ帰国前日の三時間ほどの対話では、一つ一つの言葉にうなずくものがあった。学ぶことが多く、感謝にあふれる刻《とき》となった。

対話のなかでは多くのことが論議されたが、第一の焦点は、ヒットラー圧政の狂的闇の力に対する抵抗を背景にしたイムスハウゼン共同体の創始者ヴェラ・フォン・トロットについてであった。彼女は、祈りにおいて押田神父と深く結ばれ、課題を共有していた。創始者の思いを継承し、草庵を訪ねることを長年願っていたペーター兄弟の願望は現実のものとなったのである。イムスハウゼンと草庵が深く結ばれていることを再認識し、感謝した。

焦点の第二は、接心での御ミサにおける沈黙から、イムスハウゼンと草庵とが根源において深く結ばれていることが感じられるとのことであった。

焦点の第三は、接心の一環としての「遠いまなざし」であった。くりかえしのない、ユニークな、一回かぎりの出来事としての自然とのコミューニイオン（霊的交わり）には再生、和解、創造的共生の現実が秘められ、そこで見いだされる自然は、沈黙の祈りの証言者であった。自然との関わりを通して、「遠いまなざし」、すなわちお互いの祝福された現実に気づき、それを自覚して受け止めることになったのである。

焦点の第四は、和解の問題である。ペーター兄弟は高森の接心の後、中国、南京を訪ねた。そのなかで、戦争（虐殺）記念館に示されている日本の侵略による深い傷、そこから生まれる不信に出会い、憎しみから和解の可能性が生まれるというのはドイツの問題でもある、と心を痛めていた。和解を不問にすることは闇の受容であり、その展望は悲惨である。過去の歴史の傷は消えない。そこから和解はどのようにして可能であろうか。ペーター兄弟が残した問いである。

草庵の慰霊林は、私にはその問いの重さを示している。

未見の中国の故郷

一、上海

十月十三日から十六日にかけての上海滞在におけるキリスト者との出会い、特に聖書研究の為の家庭集会での出会いは一つの大きな衝撃であった。この集会に足を踏みいれた瞬間から、心の喜びをおさえることは容易なことではなかった。集う人々の、聖書の言葉、真理への飢えかわきが伝わってきたからだ。テーマは「信仰と政治」であった。

その集会において発言を求められた私は、「この場で淵の中に生命の灯を見いだした思いで、感謝に満たされている」と述べた。その言葉に、出席者は一瞬驚いたようであったが、集会は共感でつつまれた。集会が進むうちにさらなる発言を促された。集会のテーマが「政治と宗教」であったので、「生命の灯に導かれて歩む時に、明確に闇の現実は意識される。その一つが核兵器所有であり、それは人類の汚点である」と私は指摘した。一人をのぞいて、集会の参加者全員がその言葉に拒絶反応を示した。今日の世界的状況では、独立の為には核所有は止むをえないことであるというのが彼らの共有見解であった。

　私の発言に共鳴されたこの例外的なお一人と個人的に対話する機会があった。そのなかで、原爆の被爆者の祈りには神の祈りが秘められていること、その祈りから生ずる不戦の祈りは共有の課題であるとのことを確認できたのは幸いであった。その対話においても、高森草庵の慰霊林の証言、すなわち、すべてが奪われた苦しみや絶望の果てに普遍的な生命の根源や無限の望みが生きており、そのただ中に神がおられるということ、そして、押田神父自身がその証言を生きていることが感じられた。例外的だったお一人は、そのことを深く受け止めていた。

二、香港

　二〇〇六年の草庵の死者の日（十一月三日）は、私には心に残る不思議な日となった。この地上に深い足跡を残したマレー・ロジャースを死者として憶えていただいたこともその一つの理由であったが、第二の理由は、初対面の二人の若い中国人女性との一時《ひととき》によるものである。

　二人から慰霊林について説明を求められたので、押田神父の一句「限りなき　なみだの海に　消えずたたなむ」を基軸にして、自ら被爆者でありながらも広島の被爆者専門病院の責任者として被爆者と共に生きた重藤文夫《しげとうふみお》の心境を重ねつつ、慰霊林の意味を究明し、戦争や現代文明の犠牲者への祈りの表れである個々慰霊木について共に考えた。二人とも心底からその祈りを共有してくださった。目に涙して聞いていた一人が起点となり、時間が許すかぎり、心の交流を意識するほどまで語り合うことがゆるされた。

別離の時二人は、香港から再び高森を訪ねてくるので、その時は、ぜひ再び高森で共に祈り、考え、語りあいたいと希望された。

ふるさと高森草庵

高森草庵の九月会議（一九八一年九月）には、それぞれの宗教的、文化的伝統の異端児——キリスト教の押田神父、マレー・ロジャーズ、咸錫憲、ヒンドゥー教のA・K・サラン、N・デサイ、仏教の鈴木格禅、村上光照、アメリカ文明のE・ウエイブライトのような——が参加した。そこで意識され、瞥見された現実はあまりにも多様であるにもかかわらず、非常に根元的なものであったため、兄弟意識、家族意識——さらに自然を含めて——によって包摂されていた。これらの異端児は、このような兄弟意識、家族意識に無限に癒されながら、現実の歴史的問題に強靱に直面していたのである。このような風景に心を捉えられたE・ウエイブライトは、ふるさと高森草庵についての一つの美しい詩を残している。

時空の
幻想は

砕かれぬ

永劫に座せり　只管打座《しかんたざ》
聖なる住み処《か》の中に
神の園の中に
松の木々の間に
高き森の中に

わが祖国
わが家《うち》
高森
わがさすらいゆくなかに
汝《なれ》を　離れえじ
道は常に
汝へと導くなり

（『九月会議』284―285頁）

異端児マレーにとっても、次の問いは避けられなかった。

……私達すべてを十分に包みこむほどの普遍的な秘蹟は、ないのでしょうか？　私達は、主の体と血との秘蹟を、「キリスト者」のためだけに限っておかなければならないのでしょうか？「彼（イエス・キリスト）」は、「それ（御ミサ）」は、彼ら自身の「道」において全く彼ら自身でありながら参加を望む、すべての人に開かれた普遍的秘蹟ではないのでしょうか？

（『九月会議』270頁）

高森草庵は、血縁・地縁関係にしばられず血縁・地縁を生かし血縁・地縁を越えた、そして、伝統にしばられず伝統を生かし伝統を越えた二十一世紀待望の新生ふるさとであり、再生、和解、創造的共生を基調としたふるさとであることを、それ自身が証言しているのではなかろうか。

（かさい・みのる／国際基督教大学名誉教授）

高森草庵　農業等予定（二〇二〇年）

1月、2月　木の片付け、薪作り
3月15日（日）　田の土手焼
末頃　堆肥まき、汐（田の水路）さらい、鹿よけ囲い
4月上旬　肥料まき、耕運、畔ぬり
中旬　田の代かき、種まき（稲）準備、じゃがいも植えつけ
25日（土）　床あげ（稲の苗床作り）
26日（日）　種まき（稲）
下旬　耕運、畔ぬり、代かき
5月連休　大掃除、たたみ干し代かき
中旬　土手の草刈り、畑の準備、鹿よけ囲い
26日頃から　田植え
6月初旬　豆まき、夏野菜の苗定植
7月　田畑の草とり、草刈り
8月上旬　田畑の草とり、草刈り
中旬　そばまき、草刈り
　じゃがいも掘り、畑の草とり
下旬　冬野菜の種まき
9月23日頃から　稲刈り
10月　脱穀、そば刈り、豆刈り
11月上旬　そば、豆、脱穀
下旬　冬野菜とり入れ、保存、漬物
　畑の片付け、耕運、鹿よけ囲いはずし
12月　冬仕度、薪作り、わらべい作り

十　聖書とミサ説教

《いざない》

本章には、押田師による「聖書の私訳」と、高森草庵における「ミサ説教」が収められています。私訳は短いものですが、そこからは師の聖書観が窺《うかが》われます。すなわちそれは、いわゆる聖書の実証的・歴史的な分析と解釈によっては、聖書の智慧《サピエンチア》を味わい《サペレ》霊的生活の深みを生きることはできないということです。高森草庵の生活では、自我のぶつかり合いによっていろいろな出来事が日々生じます。ミサの説教は、そうした出来事を聖書の光のなかで味わい生きるためのコトことばでした。ですから私たちは、ここに収められる押田師のことば（説教）を「読む」というより「聞く」ことが大切になるわけです。

（宮本久雄）

私訳　ヨハネ福音書1章1―18節

無生に、(1)かかわりの御言《みこと》(2)が在《いま》す。その御者《おんもの》は、隠れ身《かむい》さまに向かって在り、そして隠れ身《かむい》さまである。すべてはこの御者によって生まれ起こった。生まれ起こったことのうち、この御者なしに生まれ起こったことは一つもない。

この為手《して》なる御者の裡に、おいのち在り、おいのちは人々の光なのであるが、光は無明《むみょう》(3)に照っても、無明はこれに届かなかった。

隠れ身《かむい》さま（即ち神さま）から遣わされた人が起こった。その名はヨハネ。

彼は証《あかし》のために来た。光について証しするためである。すべての人が彼によって光に帰依するために。彼は光ではなく、光について証しするための者である。

この被造界に来るすべての人を照らす、まことの光があるのである。この光は被造のうちに在り、被造はこれによって起こったが、被造はこれを知らない。御自《おんみずか》らの者らのうちに来られたが、彼らはこの御者を受け取らなかった。しかし、この御者を受け取った者、この御者故《ゆえ》にこの御者に帰依した者には、神の子となる権能を与え給うた。血によらず、肉の意によらず、人の意によらず、神より生まれた者たちである。

かくて、仕手《して》(4)は肉となり給い、われらのうちに住み給うた。われらは、優しい光に満ちたその存在の重さを観た。それは、無償に溢れる恵みと誠《まこと》との、御父の独り子のすがたであった。

ヨハネは彼について証言し、叫んで言った。

「これは、嘗《かつ》て、『私の後に来《きた》り給う御者が私より先になった。何故なら、私の根源なる御者だから』と言った、その方なのだ」と。

われらはすべて、その方のおいのちの溢れを受け取った。無償の恵みに恵みを重ねた。法《のり》はモーゼによって与えられたが、無償に溢れる恵みと誠とは、イエズス・キリストによって起こったのである。

誰も嘗て神を見た者はない。御父の懐《ふところ》に在《いま》す御独子の神が、彼を詳しく示したのである。

(1) はじめに……があった。というのは、現象的時間的ながめの表現であって、ここではそのような次元を越えているながめが示されるのである。抽象的時間的次元を完全に超越したところを示す。（無生については注（3）参照）

(2)「光あれ、と曰《のたま》えば光ありき」。存在を在らしめ、また事を起こすために、神がかかわるとき、神が言うという表現を使う。これはユデア語だけのことではない。日本語でもコトは言《コト》でもあり事《コト》でもある。

すべての存在は、他の存在とかかわる。かかわるときに何かが起こる。

そこには常に、いわば、コトことばがある。人間の、説明のための観念ことばも、コトことばとひびき合わねば幻である。

日本語では、かかわる主体を手という。話し手、聞き手。

ὁ λόγος ホ・ロゴスは、曰《のたま》うことを本性とする主体、その御者のことであって、言われた言《コト》の葉ではない。

「はじめに言葉があった」は根本的誤訳で、この種の表現は、西欧文化に根源的歪みを与えつづけている。

（3）仏教的表現で「無」というとき、それは論理的世界の有り無しの無とは違う。その無は、問題にする世界とは違う、その彼岸を示す。

無生に、というときは、生まれ起きる被造の世界とは共通にながめ得ない我々には隠れた彼岸の限りない、いわば、隠れ身さまの洞《ほら》を示す。無明という時は逆に、彼岸の光の世界から見た、観念ことばで悟りを描くような、人間的境涯の闇を示す。

（4）ὁ λόγος は、日本語で、かかわる手、為手《して》と訳すべき所であるが、ヨハネ書全体のながめから言うと、正に――仕手《して》（能の主役を意味する言葉）――である。

説教　ルカ福音書2章1―14節（主の降誕）

聖書のいかなる注釈よりも聖書の朗読のほうが大事です。いかに簡単な言葉で書いても。
「マリア産気満ちて、初子を産み、布に包みて馬槽に臥させ置きたり。是、旅舎に彼らの居る所なかりし故なり」

マリアは既に淵であった。自らも味わい尽くせぬ淵であった。ヨゼフはこの淵に共鳴する存在であった。そしてそこに神の手ご自身が幼子となって現れたのです。神様の仕方というのはいかにも慎ましい。神様の仕方というのはいかにも控えめである。

今日の夜は、世界中、どこでも、どんな人でも、ある懐かしさを感じているようであります。共産主義の国においても、仏教の人たちも、酒に酔うている人たちも、この夜の神秘の響きが何らかの仕方で染み込んでゆくでしょう。今日はことに、今頃あの人はどういうクリスマスをしているだろうなと、誰かをしみじみと思う日です。この夜は、すべての人に幸あれと願う日です。何か平和な日です。だけれども自分自身にとって何か足りないことがほしい日です。冷たいものがほしい日です。自分の一番大事なものを人にあげたい日です。

神様の仕方はいかにもつつましい。だけれども、神様の仕方はいかにも神様だけの仕方であります。「そこに」幼子として、マリアの子として生まれたもうた。神のあわれみのはらわたの淵、これは神様のしじまで、おいてのみ味わえる淵であります。今日は、沈黙が無性にほしい日ですね。どんな音も黙ってもらいたい日です。

今日、この誕生に呼ばれたのは、羊飼いの少年たちであった。それは天使のお告げによって、ベトレヘムということを知ったのです。今でもベトレヘムの自然は同じです、ベトレヘムの星も同じです。遠く呼ばれた人は東方の博士たちであった。それは神秘的なしめしによって、星によって導かれた。この夜は遠くからの不思議な響きをそのまま受け取っている日です。

「我、今日、汝を生めり」

詩編の中にある不思議な言葉がそのまま響く夜であります。

「マリアはこれらすべてのことを思い合わせいたり」

淵であるマリアに響いていました。今日はマリアとともにこの馬小屋のイエズスに礼拝いたしましょう。布に包まれ馬槽に置かれたる幼子を。私たちの故郷（ふるさと）であります。

私たちがここに来たのは、この故郷に惹かれてのことでした。羊飼いたちのように、私たちは村人に捨てられたこの土地にやってきた。馬槽のイエズスを礼拝するために。

説教　ルカ福音書9章10―17節（パンの奇跡）

イエズスはこのパンの奇跡のうちに未来を見ていただろうことは確かである。神の目は同時に全ての神の業《わざ》の関わり合いを見ておられる。場所はガリレア湖、田舎です。田舎でも、おそらくこの場所はカファルナウムから一時間ほどの所でしょう。群衆がイエズスを追って来た。もう日は暮れようとしていた。この景色はどこかに似ているのです。

人々は神の声に従って、神の手に従って歩いてきた。関心はそれだけしかなかった。具体的に食べ物がなかった。エジプトを出たユダヤ人が沙漠の中で神の手に引かれて歩いていた時に、その状況は似ている。沙漠ではマンナが与えられた。そしてそのマンナのことを語る申命記〔8章3節〕はこう記している。「人はパンだけで生きるのではない、神の口から出るすべてのものによって生きることを悟らせるためにマンナを与えたのだ」。

ここでイエズスの関わりは極めて自ずから出ています。「人もしわが後に来らんと欲せば、己を棄て、日々己が十字架を取りて我に従ふべし」〔ルカ9章23節〕。そして同時に、この時イエズスはもう一つの沙漠をよく眺めています。それは自分の十字架への道の沙漠である。この沙漠を象徴するように、この出来事のあとで、「わが与える肉は実に食べ物である」という話を仰っています。弟子たちは皆去って行くのであります。弟子たちは去り、自分が誰であるかを理解されずに、十字架の上で絶望の声をあげて死んで行くご自分を見ている。

もう一度言いましょう。このパンが問題になる状況はこれです。沙漠があること、さびしい場所、人間的に頼れるものが何もないこと。そして人々が歩いていること。ただ神の声を聞きながら、神の手だけに従って歩いて行くのである。そして具体的に腹が空いてくる。そこでイエズスは「わが体は実に食べ物である」と。「わが体は実に食物なり」という言葉と、イエズスが誰であるかということとは切り離すことができない。このイエズスの提案を受けとるまでは、私たちは、私たちの判断を完全に捨てなければならない。ここで秘密はない。これは私の体です。それはイエズスの具体的に提案する声であります。これを食べることは、この神秘とかかわること、それです。沙漠に歩いている。腹がへっている。信仰における関わりであります。腹の空かない者にこのパンの秘儀は〔成就しない。〕歩いている、沙漠を歩いている、ただ神の手だけを求めて歩いている者が、このパンを食べる秘儀、かかわり合い〔を全うする。〕だから、自分の十字架の道行を味わい、十字架の道行をいき（歩き）、十字架上で手を広げているイエズスと同化する、その中に入ることなしには、この秘儀は成就しません。

「これを私の覚えとして行え」——これはジィッカロン（זִכָּרוֹן）、これは記憶のことではない。イエズスのこの具体的な人の子の姿、その人の子の沙漠、人の子の孤独、そこにあらわれる神の愛の神秘、暗闇の神の光明の神秘に、この中に全存在をもって入りなさい。「覚えてこれを行え」。

説教　ルカ福音書11章1―13節（祈り――主禱文）

ある人が死んで審きの座についた。傲慢で、その人は皆に祝せられた人だと思われていた。ところが彼は自己弁護して言った。「私は毎日朝晩主禱文を唱えていました。私は修道生活をしていましたから、祈りにことかきませんでした」。〔しかし〕神様は仰るのです。「お前は主禱文を唱えたことはなかった。強いて言えば、一度だけ主禱文の一部を唱えたことがある。お前が誘惑にあっている時、自分の奥深いところからわずかに聞こえる声に従って、その災いを去った。その時、お前は主禱文を一度だけ唱えた」。

この主禱文というのは、一人で唱えよ、ということではない。ご存知のように祈りというのは息、「いき」の「い」、「いのり」は「いき」であります。息のことです。「いき」に「のって」出るもの、それを「いのり」と言う。息にのって出るもの、それに漢字を与えると祈禱の祈と書きます。斧《おの》を示すと書く。自分が全部降参して、相手に降参した時に、自分の息にのって出るもの、神様に完全に帰依した時に、その息が運ぶものを祈りと言う。

主禱文は神の霊なしに祈ることはできません。「父よ、願わくは御名の聖とせられんことを」、神の霊なしにこれがどういうことを意味するのか味わうはずがありません。「み国の来たらんことを」、み国が何か、味わうはずがありません。そういう言葉のもとである声が、息にのって出るはずがない。だからイエズス様は、この祈りを教えた時に同時に仰ったのですね。「願え、さらば与えられん、探せ、さらば見出さん、たたけ、さらば開かれん、汝ら悪しき者ながらも良き賜ものをその子どもに与うるを知れば、いわんや、天にまします汝らの父は、おのれに願う人々に善良なる霊を賜うべきやを、と」。

この願いは言葉をかえて言えば「神様、あなたの光をください。あなたの見方、眼差しをください。あなたの声を聞かせてください」とか、そういう願いでも同じことであります。

「われらの日用の糧を日々われらに与え給え」。「日用の糧」というのは何ですか。自分に死んで、自分を殺して――虚栄心を求めたり、名誉を求めたり、自分の欲望を求めたりするのではなしに、そういう動機で生きているのではない、そういう動機で何かしているのではない――自分に死んで、何かそこで隠れながら、大事なことに自分を与えている姿、あるいは人の苦しみ、あるいは困難な事に自分を与えている姿、こういうものに出会った時、私たちは腹が空く、食べるんですね。自分の欲望とか名誉とか自己保護とか、ただ自分の楽しみだけで一杯な姿とか、そういうものを見ている時には、何も食べないから腹がへってしょうがない。出会いがないから。

神の霊による出会いを「日用の糧」と、ここで言っておられる。人との出会いであり、事との出会いである。「今日の糧を与えたまえ」。困難の中にある国々では、腹のへった人が受け取るパンというのは、まさに「日用の糧」の象徴です。一片のパンを与えるのは、ただ同情によって与えるのではない。汝ら、一片のパンを与える時、汝ら自身を与えるしるしとして与えよ。日用の糧、そういうパンをいただいた人は、その人はまことに糧をいただく。そういう世界の出会いのことですね、日用の糧というのは。私たちが腹のへった人々を心に運ぶ、祈りの中に運ぶというのは、まさにそのような心においてである。

「負債ある人を許すにより、われらの罪を許し給え」。神の霊によらなければ、こんなことはできません。どうしても執着します。恨みに執着します。悲しみに執着します。怒りに執着します。神の霊によらなければ赦せませんよ。

「試みに引き給うことなかれ」。誘惑にあっている時、神の霊によらなければ、どちらに行くべきか、どうすべきか、解るはずはない。解るはずはない。自分がいいと思うこと、頭の中でいいと思う道を選ぶことではありません。悪人はすべて自分にいいと思う道を選ぶ。地獄は善意で一杯だ。だがイエズス様はこう仰る、「汝らのうち友を持てる者、夜中にそのもとに行き、友よ、われに三つのパンを貸せ。わが一人の友人旅路をわがもとに来れるに、これに供すべきものなければ、と言わんに、かれ内より答えて、われをわずらわすことなかれ、と。さるを、なおたたきてやまざる時、われ汝らに告ぐ、かの人、たといおのが友なればとては起きて与えざるも、そのわずらわしさのために起きて、その要するほどのものを与うるならん。汝らに告ぐ、願え、さらば与えられん。探せ、さらば見出さん、たたけ、さらば開かれん」。

何を。神の霊、神のおいのち、神の光、神の心、神の味です。修道生活に入っても、例えば、あるいは奉献の生活に入っても、この心、この味がなければ、一生無駄ですよ。死んでから「私はあなたのために一生を尽しました」などと言っても、「知らない。私はあなたと関係がない。悪しき者よ、われを去れ」と。外面の生活形態のことではありません。世に言う何々生活、家庭生活とか色々あるが、それは外面の生活形態です。霊的生活というのは内面の動機の問題、内面の姿、内面のおいのちのことであります。そこを間違えないように。教会の前で、屋根に上って大きな声で叫ばなければならない。霊的生活とは神のおいのちにおける内的な生活のことである。立派な建物を建てるかどうかということではない。そういう動機で何をするかだ。針の一縫い、それは立派なものを建てる大事業よりも、もし本当に神の霊による一縫いであれば、ずっと重い価値がある。マリア様の針の一縫いはすべての聖人の事業よりも価値がある。さらば願え、天国は与えられるであろう。そういう祈りにとって、やはり一番妨げになるのは、名誉心とか、欲望とか、そういうものであります。

説教　ルカ福音書12章13―21節（愚かな富豪のたとえ）

富に関する愚かさは人類とともに古く、また普遍的であります。現代という社会では、それがかなり複雑な姿をとります。組織とか理屈によって、この貪欲が守られているのです。法律もまたその味方をします。政府はその貪欲の代表者であります。

山口県のある漁師は、海が汚れて魚がとれなくなった時に、海を汚した会社が補償金を与えると言った際に、その時に一人の漁師は啖呵《たんか》を切ってこう言った、「俺たちは金のために魚をとっているのではない。いい魚、活きのいい魚をとって皆に喜んでもらうためだ」と。こういう声はひびくのでありますが、この社会の経済の姿にはひびかない。この国の経済というものがひとつの根をはろうとした頃のこと、そのおもな社会の責任者はたえず口ぐせにこう言っていたそうです、「本物を与えなければならない。本物でなければならない」。そこには倫理というものがありました。人の心というものがあった。しかし今は違います。本物に見せかけるようにして、沢山量を作って、嘘のものを皆に売りつけるようになった。金がもうかればよろしい。

本来経済というのは、労して働く人が、その労の実りを人々にお届けする、その労に対していくらか自分もお礼に与る、これが経済というものであった。いわゆる文明社会においては、今、倫理なき経済、心なき経済というものが私たちの生活の日常のことになりました。そして心の病は増える一方であり、ガンは増える一方であります。心なき若者、妙な犯罪、自殺は増えるのみであります。倫理なき経済が人を殺す。何とかしなければならないと思う。だけれども、何とかするための方法は一つだけです。経済の原点に帰ることです。だが人間は本来貪欲なので、経済の原点に帰れというようなことで、帰るわけにはいかない。

あるお金持ちたちがここを訪ねました。その一人のお金持ちはやはり信州に別荘の土地を買って、いい建物を建てて、そこに夏が来れば水が流れるようにしたかった。しかし、どうしてもそれができなかった。竪穴住宅のようなものを造りたかった。だが、それもできなかった。そしてここに来てつくづくと感嘆して言うんですね、「いいなあ、先生はやりたいことをやっているなあ」と。お金は持っているんです。しかしいくら持っていても竪穴住宅は造れないですね、自分で造らないから。水はひけません、百姓をしていないから。それならお金があるから安心しているかというと、毎日心配しているといいます。お金が貯まるほど心配。五千万貯まった、そうすると何を考えるかというと、「自動車事故で人身事故があったら、これでは足らないだろう」。いつもそれ以上の心配が出てくる。「あなたの財産を全部お捨てなさい。私と同じことをやってごらん」。できないですね。

ある日本の会社のお金持ちが南太平洋の島に行って、支店を作りたかった。工場ですね。島の人は日本人のように働かない。そこで島の人たちを呼んで、その社長は説教をしました。「皆さん、働くことはいいことです。私たちのように働けば、私たちのようにいいことがあります」。「ほう、どんないいことですか？」と。「例えば、こうやって私たちは時々休暇をとって、ゆっくり浜辺で休めるでしょう」。「そんなこと、私たちは毎日やっているよ」と。それを聞いて、そのお金持ちはあっけにとられるのですね。解らない、その意味が。見ているものが、ただ物なんですね。

バングラデッシュに参りました。そこで私は客人なので、夜九時頃の夕食までは間に合わないから、おやつを出そうとした。しかし、おやつなどはない。私と、その私の案内役と申しますか、その人にだけバナナが一本ずつ配られた。ビスケットが二枚ずつ。そして私たちはその家族の大勢の人にとりまかれ、私たちはバナナをその人数だけ分けて食べました。仕合わせとはこれなんです。皆仕合わせです。

フィリピンのイグロット族を訪ねた時、そこは年がら年中さつま芋だけ食べている所です。私が来てくれたというので、若い夫婦は自分たちの住んでいる小屋を全部引き払って私に渡した。そして、そのおじいさん、一日かかって町までおりていった、歩いて。それは一俵の米を全財産はたいて買うためであった。そして、それをかついで帰って来ると、米を炊いた。皆涙ぐみながらその米を食べた。人間が生きるとは何であるか、生きることの有り難さはそういう時に感じるものです。何か足りないこと、苦しいことを媒介として、精一杯尽くすところに仕合わせというものがある。

スタニスラオ〔エスタニスラウ隠修士〕が私の兄の家に泊まって風呂に入った時、この隠者はお湯の音をさせなかった。お風呂に入っているのだが、湯をかぶる音がしない、ジャブジャブという音がしないのですね。兄はいたく感動した。東京では水が足りないとか水を規制しろとか、色々のことを議論していた。しかし量の問題ではないのです。水を物として見ているのか、水をなにか有難い神様のものとしているのか、見方によるのだということを兄は感じたようです。ものをものとして見ているところに解決はない。

私たちは心を眺めなければならない。そして心を眺めるためには、神様の心を眺めなければならない。そこに自ずからに経済も倫理も生まれるしょう。仕合わせも生まれるでしょう。物を物と見、物を増やすことに執着している限り、この世の中は破壊される方向に走っていくのです。

説教　ルカ福音書18章１―８節（祈り――裁判官とやもめのたとえ）

祈りというものは、意識からは出ません。祈ろうと思って祈るのではない。そういうものではない。祈りは意識から出るものではありません。思考から出るものでもない。祈りは見るところから出るのです。祈りはその存在から出るのです。

祈る人というのは、自分をありのまま見ることが出来る人です。逃げない人、その見ているところから逃げて、ごまかさない人、妙な気晴らしに逃げない人、理屈をつけて言いわけをしない人。この人には必ず祈りが生まれます。自分の姿だけではない、この世の姿をそのまま単純に見る人です。そこから逃げないで、そこに留まる人。そしてそれだけではない。神さまの前に、自分を見、神さまの前に、この世の姿を見、そこから逃げない人、この人は祈ります。祈りとはそこから生まれる、その人の息にのって出るものが祈りであります。

祈りについて議論すること、苦しみについて考えることからは、祈りは生まれません。本当に見て受けとることから生まれるのです。

この世のことを色々比較して自分でどうにかしようという、そういう発想方法だけからは祈りは生まれません。ですから、社会問題について、よく見てそれに応える人は、神の前によく見て、応えるのでなければ、やはり自分が否定しているものの中に加担するでしょう。

祈りは見ることから、存在から生まれます。

見ることはどこから来るか。関わることから来るんです。手の中に目がある。傍観している者には見えない。関わるだけ見えてくる。そして、見えるだけ祈る者となる。そして絶えず祈るようになった時に、その人は神の声を聞くようになるんです。自分の存在の奥から聞こえてくる声を聞くようになるんです。私たちが求めるものとは、それしかありません。神の目に与る、神の光に与るようになる。私たちの求むべきものは、それしかありません。そして神が与え給うものの中で、その引き受けの中で、関わりの中で生きている時に、必ずそこには実りが現われます。霊的にも具体的にも実りが現われます。

私たちが見るのは、小さなところだけ見るのではない。キリストの目の中に入らなければならない。私たちの祈りは、キリストの祈りに昇華しなければならない。キリストの目から除外されるものは何もありません。自分を味わう時にも、自分を含む全体、日本人のことも一緒に全部味わう。日本人のことを味わうためには、日本人が色々関わっている全ての人々を一緒に味わわねばならない。見ねばならない。そこに現われるあらゆる事実をよく見て留まってごらんなさい、神の前に。祈りてやまざる人にならざるを得ないのです。

例えば、マーニャン〔マンギャン〕族というと、私たちは遠い所にある私たちと関係のない人々のように思うかもしれない。しかし、私たちと同じ存在感覚をもち、同じような文化をもっている人々で、この現代文明という物質文明との、この侵入して来るものとの矛盾の中で苦しんでいる人々であります。それはやはり私たちの問題であります。倦《う》みてやまざる人にとって、自分と関わりのない問題は一つもありません。皆自分の問題です。そこで彼は神の声を聞くのです。そこでキリストと共に生きるのです。

説教　ヨハネ福音書15章8―15節a（互いに愛せよ――結婚式にて）

小さな自己主張をするためならば、結婚をしなくてもよろしい。結婚というのは互いの体を大事にするということだけではない。互いの心を大事にしなければならない。そのためには自分を空《むな》しゅうして、人の心の声をよく聞かねばならない。それぞれにそれぞれの心がある。そのような心をもつ自ずからなる理由があるのです。そこによく耳を傾けねばならない。しかし心を大切にするだけならば結婚をしなくてよろしい。「お大切」というのは、人間のお大切というのは、もっと限りなく深いものです。

もし裏切られたという時、自分が一番大事な時に、その大事な時であることを解ってもらえなかったとか、あるいは裏切られたとか、もしそういうことでそれを裏切りとするならば、結婚というようなものは極めてもろいものである。結婚の神秘の根というものは、もっと限りなく深い。一人一人は、本人も気付かない、永遠に根をはって生きている、その限りなく深いものをお大切にしなければならない。お互いがお互いにこの神秘に耳を傾けなさい。存在の神秘に耳を傾けなさい。その声を聞きなさい。その時には既に一つとなっています。これが幸せの本義です。幸せというのは仕えて一つになること、自らが空しくなって一つになること、これを「仕合わせ」という。日本の祖先たちはこのことをよく味わっていた。だから「仕合わせ」、「仕える」という字と「合わせる」という字を書いた。私たちは今日二人の結婚式において、この神秘をもう一度深く心に運びましょう。

一つの童話をもう一度申します。花の咲かないバラの木があった。このバラの木には限りない可能性があった。しかし誰もそれに気付かない。このバラの木は捨てて焼かれるべきものと思っていた。枯れているように見えた。ある時このバラの木は一羽の小鳥に声をかけた、「私には秘密がある。もし私にあなたの血を注いでくれたならば、私にはえも言われぬ不壊《ふえ》の花が咲くだろう」。この小鳥はバラの言葉を信じ、そのバラの棘に自分の胸を当てて、血を注いだ。バラには何の変化も起きなかった。しかしバラの言葉を信じた。そして最後の一突きをして鳥が死んだ時、そこに不壊の花が咲いた。

信頼と愛というものは、本来そのような類いのものであります。お互いにお互いを遠いものにして眺める。その眼差しのうちに、「お大切」の意味がよく解るように。もし子供が生まれるならば、子供はそれを見て学ぶのです。人間の生きざまを、親たちのお大切を見て学ぶのです。それ以外には学ぶ場所はありません。自分の本当の生きざまが、自分の本当の仕合わせが子供たちを育むのです。

説教　聖体の祝日

ヨハネではこのパンの奇跡のことについて、もっと詳しく次第を述べていますね。イエズスが一人になったのを知って弟子たちの所へ行くと、イエズスが来ていたので〝いつ来られたのですか〟とたずねた時、イエズスはこう言われた。〝あなた方が私を追って来たのは神のしるしを見たからではない。あなた方がパンを腹いっぱい食べたからだ。あなた方が働くのはこの世の糧の為ではなく、永遠の糧の為にしなさい〟。そこでいよいよ議論をした後で、イエズスが人々にはっきり最後に言うんですね。〝私のパンとは、私の与える糧とは、私の体だよ〟って。〝私の血は実に飲物だよ〟って。この怖ろしい話を聞いて、皆去って行ったんです。そこでイエズスさまは弟子にも言われました。〝お前たちも去っていくのか〟。するとペトロが代表して応えた。〝誰の所に行きましょう〟。あそこで示されているのは、それはただの食物の増やしではないということです。

イエズスは、過越し祭が近づいた時、過越しの神秘のときを受け取られた時、この過越しの宴の奇跡をなさった。これは最後の晩餐の時に、〝これから制度として御聖体というものを定めますよ、あなた方はこれからミサをやりなさいね、御聖体拝領をしなさいね〟と。そんな次元ではありません。イエズスがイエズスであることによって必然的に湧いてくる神秘の姿であります。第一、神さまがね、人をつかまえて、人と一つになって、人となるということ、これはどえらいことですよ。こんなバカみたいな、どえらい信仰、誰が信じますか。そしてこのどえらい神さまは〝この私の体はあなた方の不壊《ふえ》のお生命《いのち》の糧だ、私を食べなさい〟って言うんです。神さまはこの存在を与えられた時、同じようなちょっとおかしなことをなさっています。ノアの洪水の前は皆、昔の日本人みたいに野菜と穀類を食べてたでしょ。野菜と穀類ですよ。私たちはその生命をいただくんです。それによって私たちの生命が生きるんですよ。不思議なことです。人間の生命を食べるんじゃないんですよ。野菜と穀類を食べることによって私たちの生命が生きるんです。神に向かって、神に祈る生命が生きるんです。

イエズスさまはどえらいことをなさいました。御自分の生命に生きるようにと、御自分の体をお与えになった。私たちはなかなかわからないんです。このどえらい神さまってのが、このどえらい神さまの心ってのが、どえらい神さまの慈しみってのが、わからないんですよ。これは制度の中で〝なるべく御聖体拝領した方がいいよ、悪いことしないでね。悪いことしたら告解して御聖体拝領して、ああいい信者だ、天国へ行けるよ〟って、そんな次元じゃないんですよ、この神秘は。どえらい神秘なんだよ。だからカイロスが近づいて、何か大きな音たてて、何か大きな崩壊が起こって、言い難い苦悶が近づくような時でも、それもまた、このどえらい神秘に参与する機縁である。

〝今日一日の糧を与え給え〟って言うでしょ。あれは腹がへった時に食べるパンのことじゃないんです。〝祈る時にこう祈れ〟って言った。先ず最初の祈り、つまり自分の奥深くから吹く息吹が最初に運ぶべき思いは何か。〝御名が尊まれますように〟それだよ、祈りってのは。〝御国が来ますように〟〝聖旨が天と地に行われますように〟〝今日一日の糧を与えて下さい〟あなたのお生命を生きる為のその糧です。私たちの日用の糧はその象徴です。

今日は聖体の祝日と教会は申しますが、このどえらい神さまの心の祝日ですね。復活されたイエズスはあの浜辺でね、弟子たちがやっとイエズスだとわかった時、〝こっち来い。食べろ〟って。魚焼いてね、パンを与えて食べさせたでしょ。同じ神秘だったんです。

本当に御聖体を拝領しなければならない。どえらいものを受け取るんです。それだけが従順の神秘で、それを除いて修行生活も修道生活もない、神父になる生活もない。そのことを悟らなければ、教会の存在理由はこの危機の中でありません。殉教もないでしょう。

押田成人　略歴

	主な出来事
一九二二（大一一）年	一月十五日、父・忠一と母・よねの五男として、横浜・生麦に生まれる。長男・睦人、次男・正人、長女・節子、三男・守人、四男・芳郎の六人兄姉の末子。旧制府立第一中学校、旧制第一高等学校で学ぶ。
一九四三（昭一八）年	ヘルマン・ホイヴェルス師と出会い、入信の機縁を与えられる。十月、吉満義彦を代父に受洗（洗礼名　ビンセンシオ・マリア）。十二月、応召。
一九四四（昭一九）年	陸軍予備士官学校卒業後、暁部隊（陸軍船舶司令部）へ転出。
一九四五（昭二〇）年	終戦、除隊。
一九四六（昭二一）年	東京大学に復学。文学部哲学科入学。
一九四八（昭二三）年	宮城県荒浜海岸で遊泳中に溺れ、仮溺死体となったものの、ジュール修道士の人工呼吸で蘇生する。肺壊疽発症。東北大学付属病院に入院。国立宮城療養所に転院。以後、生涯闘病生活を続ける。

一九五一（昭二六）年	東京大学卒業、ドミニコ修道会に入会。
一九五五（昭三〇）年	四月三十日、仙台修道院にて修道誓願宣立。同院にてベルナルド・タルト師の霊的生活に触れる。
一九五八（昭三三）年	カナダ・オタワのドミニコ会修道院にて、神学を学ぶ。
一九六一（昭三六）年	四月八日、司祭叙階。樵夫と神秘的な出会いをする。
一九六二（昭三七）年	日本に帰国。
一九六三（昭三八）年	右肺の部分切除手術の後、長野県富士見町の小池医院に転院。結核療養者の間にひとつの円《まど》いが生まれ、高森草庵の歩みが始まる。
一九六四（昭三九）年	退院後、高森の観音堂に住む。「高森草庵」の生活が始まる。
一九六五（昭四〇）年	最初の著書である『ばらのまどい』をヴェリタス書院より刊行。
一九六七（昭四二）年	神奈川県大磯で開かれた、第一回「禅とキリスト教の懇談会」に出席（これが後の「九月会議」に影響を与える）。

一九六八（昭四三）年	十二月八～十五日、バンコクにおける、東洋の霊性とカトリックの観想修道会に関する国際会議に出席し、トマス・マートンにその死の直前に出会う。
一九六九（昭四四）年	『道すがら』をヴェリタス書院より刊行。
一九七〇（昭四五）年	聖公会司祭マリー・ロジャース来庵。インドへの招きを受ける。
一九七一（昭四六）年	インドでアブシケタナンダ、マリー・ロジャースと一か月を共に過ごす。そのなかでヒンズー教の聖者と出会う（この時の出会いが、高森草庵の典礼やあり方に影響を与える）。
一九七三（昭四八）年	アラブ民衆とユダヤ民衆との間に友情の核をつくるため、イスラエルへ招かれる。
一九七四（昭四九）年	レバノンでパレスチナ先住民と対話、イスラエルでアラブ人、ユダヤ人と交流を持つ。ベトナムの民情をみる。香港の宗教界要人と対話、韓国で金芝河をかげで支える威錫憲、池学淳司教らに会う。
一九七五（昭五〇）年	欧米を廻るなか、ハンガリー出身の版画家ヨゼフ・ドミヤンとアメリカで出会う。
一九七六（昭五一）年	『孕みと音』を思草庵より刊行。この頃から、フィリピンのＥＡＰＩ（司祭、修道者の生涯養成コース）に呼ばれる。またこの頃、ほぼ毎年香港、アメリカのグループの黙想指導に赴く。フィリピンの旅にて、先住民イグロット族と出会う。

一九七七（昭五二）年	『藍の水』を思草庵より刊行。香港、カナダ、アメリカ、フィリピンの旅。ドミヤンと再会。
一九七八（昭五三）年	高森近くにある小泉を守るため、小泉の水売却停止を求める仮処分申請を村人や同志と行う（八一年に完全勝訴の判決）。
一九八〇（昭五五）年	香港、アメリカ、フィリピン（先住民マーニャン〔マンギャン〕族と出会う）、台湾への旅。マニラにおける宣教についてのシノドス（司教会議）にアニメーター（スピリチュアル・コンサルタント）として呼ばれる。アフリカの多くの指導者等と出会う。七月、『ばらのまどい』（再版）を思草庵より刊行。
一九八一（昭五六）年	九月二十三～三十日、「九月会議」（世界精神指導者緊急の集い）が高森草庵で開かれる。その後、霊的指導や執筆活動に生涯携わる。
一九八二（昭五七）年	十二月、『道すがら』（再版）を思草庵より刊行。
一九八三（昭五八）年	地下教会に触れることを目的として、中国人になりすまして中国本土を旅する。
一九八四（昭五九）年	アフリカの司教に招かれてガーナを訪問する。フランスのテレビの取材を受ける。イムスハウゼン共同体から訪問を受ける。九月、『九月会議――世界精神指導者 緊急の集い』を思草庵より刊行。

一九八五（昭六〇）年	浄土真宗・内観の吉本伊信先生に出会い、先生のもとで集中内観を行う。バンコク司教会議に呼ばれる。十一月、『祈りの姿に無の風が吹く』を地湧社より刊行。フランスの Comité français de radio-télévision において、押田神父のドキュメンタリー *Zen, le souffle nu* が放映される。
一九八六（昭六一）年	二月、『地下水の思想』を新潮社より刊行。『白い鹿』（ヨゼフ・ドミヤン版画、押田成人詩）をWAGO出版より刊行。
一九八八（昭六三）年	韓国司教会議に呼ばれる。高森草庵近くにゴルフ場を建設する計画への反対運動を始める。告訴、控訴を経て、九六年に和解（ゴルフ場建設は中止となる）。
一九九〇（平二）年	アジア司教団の黙想指導を行う（於・高森草庵）。高森草庵に念願の慰霊林を作る。「東西霊性交流の集い」（仏教とカトリック）に参加。「国際ヨガ大会（Swiss Yoga Conference）」に招かれる。
一九九一（平三）年	十一月、韓国において『遠いまなざし』の翻訳（韓国語タイトル『먼 빛의 눈길』。조형균訳）が백재문화사より刊行。
一九九二（平四）年	オランダのドミニコ会アルベルトゥスマニュス大修道院の「禅堂 押田」（クリス神父を中心に東洋的瞑想を行ずるキリスト者のグループ）を訪問。この頃、日本山妙法寺の藤井日達上人の元で、お断食に参加。

一九九三（平五）年	スウェーデンにおいて、*“Zenna”: Shigeto Oshida, en japansk dominikan* が Sankta Ingrids stift., Dominikansystrarna より刊行。
一九九四（平六）年	インドの神学校（カトリック、シリア派）をたずねる。十～十一月、インドへ行き、ガンジーの生誕百二十五周年祭に招かれる。十一月二十日より、ドイツのイムスハウゼン共同体、アウシュヴィッツ、ベルギー、オランダを訪問。また、十一月から一九九五年八月にかけて、「平和と生命の諸宗教合同巡礼（アウシュビッツ―ヒロシマ）」の要所要所に参加。
一九九五（平七）年	一～三月にかけて、バングラデシュ、中近東（イスラエル・パレスチナ、ヨルダン、イラク）、六月には中国、フィリピン（レイテ島）、広島、長崎を訪問。レイテ島のパロ市には、以前、日本大使館に代わって連合国各国の慰霊碑に並べて立てた日本兵の慰霊碑があった。八月、イスラム教とキリスト教対話のための国際会議（於・ローマ）に招かれる。九月、ベルギーとオランダを訪問。
一九九六（平八）年	年頭に入院。これ以後公の場に出ることができなくなり、闘病生活に入る。病床で〝福音書とは本当はどういうものかということについての遺言書〟として、四福音書をギリシャ語から私訳してゆく。オランダのテレビインタビューを受ける。
二〇〇三（平一五）年	七月、『漁師の告白（ヨハネ聖福音書）――神のみ手との出会い』を思草庵より刊行。十一月六日、闘病生活の末、死去。享年八一歳。高森草庵にて葬儀ミサが行われ、草庵内に土葬される。

二〇〇五（平一七）年	アルゼンチンにおいて、*Takamori Sōan: Ensenanzas de Shigeto Oshida. Un Maestro Zen* が Continente より刊行。
二〇〇七（平一九）年	アルゼンチンにおいて、*Takamori Sōan : teachings of Shigeto Oshida, a Zen master* が Talleres Gráficos Color Efe より刊行。
二〇〇八（平二〇）年	十一月、『一人の若者の観《み》ていたコト（マルコ聖福音書）』を思草庵より刊行。
二〇〇九（平二一）年	ベルギーにおいて、*Enseignements de Vincent Shigeto Oshida (1922-2003) : un Maître Zen qui a rencontré le Christ* が Les Voies de l'Orient より刊行。
二〇一〇（平二二）年	十一月、『税《ぜい》吏《り》の悟りとながめ（マテオ聖福音書）』を思草庵より刊行。
二〇一三（平二五）年	八月、『医師のことほぎの書（ルカ聖福音書）』を思草庵より刊行。
二〇一五（平二七）年	十月、『白い鹿』（ヨゼフ・ドミヤン版画、押田成人詩）の新版を日本キリスト教団出版局より刊行。

《寄稿エッセイ》 高森草庵・押田成人という場所とひとからの伝承

黒住　真

この著作選集は、押田成人（一九二二―二〇〇三年）というひと、一九六三年に形成されて今も持続する高森草庵という場所、そこでさらに対話・交流しつつ伝承される人間の営み――その本質をめぐる言葉を選び記した書物といえます。押田成人という方は、すでに多くの随想（エッセイ）や詩・版画を収める著書を残し、また諸宗教に跨がる集まり「九月会議」の記録もあります（本巻「押田成人　略歴」など参照）。ただ、この選集三巻は、それらの著作・記録をそのまま追って集録し捕捉するのではなく、まさにより重要な「選ばれた」著作集です。

ではどう「選ばれている」のか。すでに「伝承……その本質をめぐる言葉を選び記した」といいましたが、それは端的にいうなら、押田成人と関係者たちの人間的営みと信仰、その両方の意味をより選んで示すもの、もっと言わせてもらうなら、元来の意味での哲学と神学――その営みが示されているもの、と思えます。営みからの語りであることこそ大事なのです。そのことをここで自らも随想のように考えてみます。（親近性からか時代の違いからか、以下「さん」呼びさせていただきます。）

わたし自身は、草庵に最近関係するようになった一人ですが、押田成人さんに直接出会った人間ではありません。「エッセイ」執筆者の中でも、たぶん最も実際の個人的関係がない人物です。ただ、わたしは著作を実際に手にし、草庵にときどき出入りし、その営みをわずかでも身をもって知り始めてから、その言葉の息吹の意味をより体験し、具体的に知りたいと思うようになりました。押田成人さんや高森草庵において存在しているのは、書物だけでなく田畑や稲作また祭祀（典礼）ある生活とその言葉です。だから、この著作選集は押田成人さんあっての大事な出来事を記録し（第1巻「一」～「三」、第2巻「四」～「六」、第3巻「七」～「十」）、「十 聖書とミサ説教」はそうした営みの基礎なのでしょう。ならば、その体験知のような語りから顕れてくる意味は何なのでしょうか。まだわたしも思索の途中ですが、その意味にとても大事な内実があり、そこに現在・将来においても意義があるとやはり考えさせられています。

人間にとって意味のあらわれ方を哲学・神学でみてみます。人間は生きている限り、誰もが何程か「思い」「考え」を持っています。それについてはデカルトの「我思う、故に我あり」に見られる主知主義が有名です。ただ、近代哲学では、それだけでない二つの「周辺的になった」考えがあります。ひとつは、体験と結び付いてこそ思考は位置付けられると二〇世紀初めに主張する、実践論者ともいえるホワイトヘッドやベルグソンなど。もうひとつは、デカルトを批判して、宇宙における自己とまた神との関係をこそ本質だと考えた、早くはパスカルなどです。この考えは、神学にもなります。

押田成人さんは、そうした論者と自身との関係をほとんど述べはしません。ただ、「宗教の道へのみちびきは、人生そのものの道行きであって、思想的なものが先導したのではなく、いつも思想は後から来ていた」と、いわば宗教的な実行を思考よりも先立たせ、実践的なものにも宗教のみちびきがあるとします。さらに「出会った最初の神父がホイヴェルスという神父だった……指導を受けているうちに、私の霊的な歩みが始まった」と、そのみちびきにおける「霊的な歩み」を語ります。そこからご自身、軍隊に入る前に「死の準備のような形で洗礼を受け」たのです（「一 胎動」の「師に導かれて」）。だとすると、押田成人さんにおいて、実践的な「道へのみちびき」（第一）と「霊的な歩み」（第二）――先の論者でいうならベルグソンとパスカル――は繋がっており、後者からは「死の準備」がはっきりと窺《うかが》えます。この二つは戦後どうなったのでしょうか。さらに深まってより世界と地下に向かうようです。

第一の「道へのみちびき」は、哲学にあっては「（はじめギリシャと近世の哲学だったが、）あとでは、結局そういうものを否定する方向」へ向かい、「理念ことば／自覚する理性」から「存在体験そのものをナマのままひびかせるコトことば」になっていきます（「一」の「別世界の人」、「三 コトことば」）。これは、西洋では、中世的なものへと向かうことであり、しかもただ超越ではなく、近代哲学での地下を見出す「リゾーム」（地下茎）にも似ています。さらに「ナマのままひびかせる」ことは、日本なら「根本は一霊の生養也」として根・種子からの枝葉・花実また顕密を説く吉田兼倶の「唯一神道」、あるいは鈴木大拙の「大地」を思わせます（『日本的霊性』第二篇）。しかし、連想はともかく、かかる分類は不要でしょう。押田さんは、「無」とともに奥底に向かい、そこに「かけがえのないもの」「無数の人々」の「円《まど》い」、その「神秘」「伝承」があります（「一」の「高森草庵 覚え書」ほか）。

そうした「神秘」や「伝承」は、物事や生活に位置付けられています。それらの内実に向かうことが、父とまた母・聖マリアの「祈り」となり、コトことばやことほぎ（言祝）として表されていることは大事です。神秘の地平の「深み」から生じる気・水、さらに営みから生じる火・光は、物事を活かし、天・空とともに人また万物を働かせています（「三」の「遠いまなざしと〝気〟の話」、「高森草庵の祈り」また「七 火止とコト」）。とくに、「火」が「光」とともに、根と力、そしてリズムのように物事を位置付けていることは、高森草庵に根ざす縄文・弥生の営みが当代の旧新約『聖書』との関係付けを示すようにさえ見えます。この「八 地下流の霊性」は、押田「神父」の最期をたどる「九 御里への道行き」と「十 聖書とミサ説教」にひびいています。

第二の「霊的な歩み」の展開は、本巻の「八」「九」「十」により顕れています。その歩みには、どうも二つの出来事が根柢としてあります。一つは、押田成人さんが体験した戦争や海で溺れた経験に修道生活・神父への道すじまた世界の拓けがあることです。その拓けは、出家が祖先崇拝や国家主義と結び付くといった日本の主流とはまったく違う霊性の次元を示します。当時の教理ではそうした次元を「超自然的」とし、ホイヴェルス、吉満義彦らもそれらを指差されたのでしょう。ただ押田さんは、その超自然に「受難」があるとし、人々の体験と手元の世界の奥行き・拓けにそれを見出しています(「一」および「四 神秘的地下流とのめぐりあい」、「六 現代文明と受難」)。手元に培われた神学の地平からこそ、身体的な修行とともに神秘伝承の「交わり」である具体的な「出来事」が展開したのでしょう(「五 九月会議」など)。

二つ目は、その「霊性」が「自由にかかわる、故郷」「天国」となっていることです。やはり受難(「六」)に由来するそれらは、「八 地下流の霊性」においてより語られています。押田さんは「神の国」ではなくむしろ「天国」という言葉をよく使われ、「地上に御里があらわれる」ともいわれます。その「御里」は誰かだけの救済ではなく、「私共は、天国への小径と、地獄への道との分岐点に立っている」のです(「九」の『禅堂 押田』埋葬の背景」、「ひとり　ひとり　心得べきこと」)。

「故郷」「地上の御里」はただの観念ではありません。里山のように、農業や林業や水や空とも結び付くもので、そこには神の声を聞く「謙遜」があります。そして、その道行きからひびく拓けに反するものに、間違った傲慢さ、「伝承の破壊」とその極致である「原爆」「原子力」があるのです。元々理系であった押田成人さんという方は、戦時中から原子力の間違いをとらえ、その社会的な問題を戦後さらにみていました。近現代のわたしたち――少なくともわたし自身――は、戦時中さらに戦後の、経済力・原子力に憑かれた「悪」を十分見ることなく破壊の持続を何か別のものに投影しつづけました。ところが押田成人さんは、はやくから「人工的に異形物を突出させた魔的態度」は原爆投下以降も何の変化も見せていない、魔的態度は「あり得ない」「安住」だと指摘しています。(「六」の「原発事故の背景」)。

それでは、「良さ」とは一体何なのでしょうか。「八」の「霊性ということ」では、霊は「息吹であり具体的なひびきを伝える」といわれます。霊性はたんなる霊気ではなく「本体的にもっと深い世界」「仏様の世界とか、神の智慧の世界とか、いつくしみの世界とか、そういった通常性がそのまま開かれてゆくような深みの世界」であり、「一ばん根源的な」「存在全体を変容させてしまうような『気』」なのです。「霊的な本物とは?」では、不思議な力によって予言をした「日蓮宗のお坊さん」が「ほんとうに謙遜な感じの人」だったこと、そして他者の十字架を自分の十字架として担うことこそ「神さまの息吹きに生かされている一つの姿」であり、それがキリスト教でいう「御大切」だと記されています。

霊性の息吹による「ほんとうの謙遜」「御大切」は、もっといえば本当の愛のようです。押田さんは、著書においてそのことを多く記してはいません。ただ、「いのちの泉」の伝承によってわたしたちが生きているのです。その草庵という円《まど》いには「慰霊林」があり、そこにある碑には「限りなきなみだの海に消えず立たなむ」と刻まれています。わたしたちの「いのち」はそこから成り立ちます。

「六」の「慰霊林の由来」は、「私たちは、同じ一つの限りない洞《ほら》の中に居た。慰霊林はこの洞の中で生まれていたのである」と結ばれています(「《コラム》高森の慰霊林」も参照)。わたしたちもこの洞の根から生まれ、その慰霊によって生き生かされています。この著作選集や収められることばは、この洞からの慰霊林のようです。「ひとりひとり」の受難に意味を見出すこと、その根に繫がる火や水に含まれた「いのち」の発見という出来事が、わたしたち皆を再生し、その伝承へと元気づけます。

(くろずみ・まこと/東京大学名誉教授)

《寄稿エッセイ》 遠いまなざし

山折　哲雄

若いころ、東京の出版社に勤めていた。お茶の水駅近く外神田にあり、春秋社といった。仏教やキリスト教関係の書物を出し、経済書や楽譜なども手掛けていた。社屋のすぐそばには神田明神が建ち、脇の狭い道を歩いていくと、その先に湯島天神が祀られている。

表の本郷通りをまっすぐ行くと、東大の時計台の前に通じていた。近くに上智大学があったこともあり、ときどき神父さん方が出入りしていた。出版の相談や打合せのために訪れていた。

その中にゼノ神父さんという、活発でユーモラスな方がいた。いつも笑顔を絶やさない、じつに愉快な方だった。みるからに活動的で、口癖のように「ゼノ死ぬひまない」と、大まじめでいっていた。そんなタイトルで本にもなっていたと記憶する。

個性的な神父さんたちが何人かおられたが、その中に押田神父さんの姿はみられなかった。しばらく後になって、ある出版社から三人の方々のお話をうかがってくれないか、と求められた。それが吉本隆明、河合隼雄、押田成人のお三方だった。吉本、河合の両氏は存じあげていたが、押田さんははじめてだった。たしか一九九二（平成四）年のことだったと思う。

当時は、脳死や臓器移植の是非をめぐり各方面で盛んに議論されていたが、その問題もさることながら、押田神父からはカトリックにおける修道生活やご自身の死生観を中心におききしようと思っていた。ところがお話ははじめから、論争の渦流にまきこまれるような不穏の気を帯びていた。というのも開口一番、押田神父の口から押しだされたのが、つぎのような話だったからだ。

いきなり、フィリッピンの紛争地に素手で飛びこんだときの経験を語ることからはじまったのである。それが押田さんの流儀だと感じたが、これはもう引き返すことはできないなと腹をきめた。紛争地のどまん中に入って、泥沼化した状況を語り出されたのだ。

当時は、悪名高いマルコス大統領の政権下で、しかもその地の回教徒とキリスト教徒のあいだで、一触即発の緊張が高まっていた。場合によっては銃撃され、殺される危険も迫っていた。その両者の融和のためいささかでもお役に立ちたい、と平和行脚を実現しようとあとさきのことを考えず飛びこんだ。すると、案に相違して一人の回教徒が近づき、握手を求めてきた。一瞬あっけにとられたが、こちらの祈りが通じたのかもしれないと胸をなでおろした。しかし、全身汗をかいていた、と。

私はそれまで押田さんのいくつかの文章に触れて、何となく古武士のような人ではないかと想像していたが、なるほどと納得したのがそのときだった。そのことを率直に口に出したが、返ってきた言葉が意外な響きで耳を打った。

いや、武士道は日本だけのものじゃない、西洋でも中国でもない、そもそも文明とか文化を越えたところからくるものだ、といわれたのである。それは日ごろから私も感じていたことで、同じことを内村鑑三も『余は如何にして基督教徒となりし乎』の中でいっていたことを思い出した。それが神父の骨髄にもつらぬいているようだった。

知られているように押田さんは、やがて長野県の八ケ岳山麓に高森草庵をつくり、瞑想の修道生活に入っていった。

キリスト教と仏教の垣根をこえようとする試みだった。やむにやまれぬ内心の呼び声にうながされてのことだったのではないだろうか。たんなるキリスト教や仏教の枠に収まりきれないエネルギーに無意識のうちにうながされたのだろう。あるいはさきの武士道という岸辺に回帰したいという衝動の発露だったのかもしれない。

そんな体験を重ねるうち、人から「あなたの宗教は何ですか」といった質問を受けることがあったという。そんなとき、神父の口から自然に「私は、キリストに出会った仏教徒である」が、とっさに飛び出した。やがて、それがそのまま「仏陀に出会ったキリスト教徒……」という言葉にふくらんでいった。

そんな言葉に出会ったことは、私にはこれまでまったくなかった。そのような経験はそもそも思いも及ばないことだった。「ヒトに出会う、モノに出会う」というのはほとんど日常的であるが、「仏に出会う、キリストに出会う」とは、次元のまったく異なる出会いだということは何となくわかる。それではそれはどういう出会いなのかとなると、面白い発想のようにみえるけれども、まるで雲をつかむような話になる。

もちろん、「仏に出会う、キリストに出会う」は「仏になる、イエス・キリストになる」とは違うだろう。そもそも「出会う」ということはどういうことか。

この言葉は、神父のお話をうかがったときも、そのあともずっと私の胸の内にしまっておいたのだが、そのときは何となくわかったつもりでも、ストンと腑に落ちるところまでいったわけではなかった。

しばらく経ってからだったと思う。神父が日ごろ「遠いまなざし」ということをいっておられることに気がついた。

懐かしい言葉だな、と思っていた。自分の日常がほとんど身近なことにかまけて、その平板な地平から瞳をあげて遠くを眺める余裕が失われているように思えたからだった。ほとんど身辺の雑事にかまけているうちに遠方のかなたに存在するものを忘れていたことに、ふと気がついたといってもいい。

「遠くのまなざし」といえば、近景にたいする遠景、ということだろう。身の廻りの風景にたいして、それを広々と取りまいている森であり、草原であり、大海原のような空間を指すだろう。

端的にいって、日常の暮らしのなかで近景ばかりが気になっていては、自分がいったいどこを向いて歩いているのかわからない。世間や社会がどう動いてどこに進んでいるか見当もつかない。

たとえば車を運転するドライバーも、前方だけに気をとられ目の前の一点を凝視しているだけでは、車を右に左に自在に操ることができない。それどころか前後左右に神経をはたらかせてハンドルを切ることができず事故をおこしてしまう。

なるほど、キリスト教徒や回教徒や仏教徒だけを見ていては、まだ近景を見ているにすぎない。目前の樹だけを見ていては、林まで見ていない。ましてや、そのかなたに広々と開ける森や空を見てはいない。

つまり、超越した世界にたいする関心や視点が失なわれている。目に見えない存在の価値に気づくことができない。

ああ、と思った。

押田神父のいわれる「キリストに出会った仏教徒である」、したがってまた「仏陀に出会ったキリスト教徒である」は、ここからきているのではないかと私は考えるようになったのである。

この国では、どうも世紀を超えるあたりから何ごとによらず超越的な視点というものを視野の外側におき去りにするようになったのではないか。その余裕のなさ、遊び心の欠如がとりも直さず、遠いまなざしを忘れよう、忘れようとつとめている姿や風潮と重なったのだった。

それが、今日のコロナ禍の時代になって、ますます強まっているのではないか。

このごろ押田神父の何気ない言葉がとても懐かしく耳に響くようになったのも、そのためかもしれない。

（やまおり・てつお／宗教学者）

解題　新しい地平へのまなざし

石井智恵美

神学を学び始めてしばらくして、私は言葉への疑問を持ち始めたことがあります。ある事柄を言葉で表現しても、これ以上漏れはないだろうと思うくらい練り上げても、何かがこぼれ落ちてしまうという感覚……。こぼれ落ちたものを掬い上げようとさらに努力しても、また何かがこぼれ落ちてしまう……、そんないたちごっこにほとほと疲れてしまうという時期がありました。

押田師のことばに触れた時、この「言葉」と「言葉にならないもの」のいたちごっこが終わり、〝あ、ここに本物がある〟という直覚に満たされたことを覚えています。押田師のことばは、知的理解の次元を超えた存在のことばでした。個と全体が、過去と現在と未来がいつも響き合っていることばでした。押田師のことばの根がいかに深く存在に根をはっているかを感じさせてくれたのです。「言葉で表現されたもの」と「言葉にならないもの」が一つとなって響き合っている不思議なことばでした。

第3巻でも、このような押田師の不思議なことばがあますところなく語られています。

第3巻「いのちの流れのひびきあい――地下流の霊性」には、押田師の比較的晩年の著作が集められています。1巻、2巻ではカナダ留学から帰国し、修道院を出て高森草庵のまどいがはじまったことや、高森草庵と押田師の思索と実践が、世界中のさまざまな人々との出会いのなかでさらに豊かな流れとなってゆく姿をたどることができると思います。その様は涼やかな小川の流れが、大きな奔流となって宇宙的な賛美の歌を奏でているかのようです。

2巻に収められている「九月会議」以降の押田師は、国境や文化を越えて諸宗教の人々を兄弟姉妹として親しく交わること、戦争の犠牲者を追悼する歩みと平和への希求、現代文明批判、聖書の示した本来の世界に立ち返ることを、より強く意識するようになっています。具体的には、インド、バングラデシュ、アフリカ・ガーナの人々、またアメリカでは亡命画家のドミヤンとの出会いがありました。それらが、この3巻には収められています。

この時期、一九八〇年代から九六年までは、高森草庵と同じ地域の水源地をゴルフ場開発から守る裁判闘争も並行して行われています（詳細は、拙稿「押田成人と水裁判――エコロジーと霊性をめぐる覚書」青山学院大学神学科同窓会編『基督教論集』60号、二〇一七年)。

また、戦後五〇年を記念した諸宗教の巡礼「アウシュビッツからヒロシマ」の旅を最後に、押田師は療養生活へ入ります。死を覚悟して書かれた遺言のようなことば、療養生活の中でのことばや、説教もこの3巻には収められています。

＊　＊　＊

「七　火止《ひと》とコト」

火というものの根底には、人間に決してとらえることのできない聖なるものが存在している、と押田師は言います。その火が止まることによって、人は人になる、とも言います。火は、古代日本語では「霊」をも意味しました。矛盾に満ちた人間存在の神秘を「火がとどまること＝〝ひと〟」と押田師は表現しています。この「ひと」と「ひと」とが出会い、神さまの「コト」を伝える出来事が起こってゆく、そのようなテーマのエッセイがここには集められています。

世界の人々や無名の市井の人との出会いもここには収められていますが、押田師はこれらの出会いの中に特に「まごころを生かすものと殺すもの」を見ています。

歴史の中には、まごころのかかわりを生かすものと殺すものとがある。深みに根拠を持たずに持続性を求めると、必ずそのようなかかわりを殺す暴力となる。政治的権威にせよ、経済的能力にせよ、ただ自らに準拠して持続を求めるとき、そこには必ず、暴力が働く。歴史の中の、手(まごころのかかわり)を生かすもの、おのずからに歴史の持続性を保証する力となるものとは、深みと一つになった全人的かかわりを除いては考えられない。そういうかかわりによって、歴史の内実が織り成される。

(本書43頁)

押田師はまごころを殺すものによる暴力、社会的不正義、戦争の犠牲者を忘れることがありませんでした。アフリカ・ガーナ(子どもが飢餓等で三分の一は死亡するという地域)での具体的な出会いでは、以下のように語っています。

私を覗き込んでいた子供達の目が忘れられない。地上の人間の歴史が終結し、すべての主張が沈黙したとき、この目こそ、何かを雄弁に語り始めるだろう。

(本書65頁)

押田師は、歴史の中に生じるまごころを生かすものと殺すものを見ると同時に、その歴史の終わりの先をも見ようとしています。歴史の終わりの先にあるものは、歴史の暴力の犠牲者たち、小さき者たちがすでに先取りしていると確信しているかのようです。

高森草庵の慰霊林の中央には、「限りなき　涙の海に消えず　立たなむ」という押田師の詩が刻まれています。そこには〝戦争犠牲者の涙は限りない海のように大きいけれど、その痛み、悲しみの海の前に常に立ち続け、その思いを受け止め、彼らと共に生きてゆこう〟という決意が表されています。押田師が、「自国民だけの戦争犠牲者を追悼するのは本当の宗教ではない」と語っていた通り、慰霊林は日本の加害者としての責任をも覚え、敵も味方もなく戦争犠牲者を追悼する場となっています。

エッセイ「まごころと事業」においては、広島で開催されたユダヤ人虐殺追悼の行事に対する鋭い指摘が述べられています。最も耳を傾けるべき当事者であるアウシュヴィッツの生存者を無視して、有名な音楽家や政治的な指導者中心の行事が行われることのゆがみを押田師が批判しているのは、それまで師自身が積み重ねてきた実践があったからでしょう。エッセイ「まごころと人生」では、被爆者である栗原貞子さんの詩「ヒロシマというとき」を紹介しながら、加害者と被害者という枠組みを超え、みながひとつとなるつながりを希求しています。そのためには犠牲者の痛みを受けとめる「まごころ」が鍵となることが強調されています。

また、この章で出色なのは、亡命版画家ドミヤンとの奇跡のような出会いの出来事です（「流浪の版画家」「因縁ということ」「白い鹿」）。アメリカを訪れていた押田師が森の中を散歩していると、まったく見知らぬ男性から呼び止められて、その人の家に立ち寄ることになったのです。理由もわからずに彼の家に立ち寄ると、その人は版画の巨匠ドミヤンその人だったのです。

> 「あなたが歩いているのを窓越しに見ていたとき、どうしてもこの人を引き止めねばならぬと、心の奥から強制されたのです」という事情は、もっと別の次元のことがらである。今の、生きている内的生命にかかわること、すなわち、彼岸の光、彼岸の息吹《いぶ》きの境涯にこだまする一つの生起のことがらである。（中略）
>
> 彼の作品の前で、「私はあなたにどこかで会ったことがある」と言ったとき、「私はあなたを知っている」という事実、つまり、彼がその中に今生きている、

彼の内的な森のすがたを、私は既に知っている、という現実が大切なのであった。
人のあとを追って、自分のアトリエに寄ってくれ、などと言ったことは、生涯に、このときをのぞいて一度もなかった、と彼は言った。（本書54―55頁）

自我を離れ、神さまの「コト」が現れるように祈りつつ生きる者に与えられた純粋な光が満ちあふれるような出来事でした。二人の出会いは『白い鹿』（日本キリスト教団出版局、二〇一五年［新版］）という詩画集に結実しています。

「八　地下流の霊性」

八章において示されているのは、押田師の修道生活の核となる地下流の霊性の歩みです。若い日に記された「宗教受納即苦悩」には、西欧文化をまとって伝えられたキリスト教を、東洋人としてどのように受容すべきなのか、その初発の苦悩が記されています。

この問いと押田師は生涯格闘し続けます。この苦悩は思想的な関心というよりも、神への誠実さゆえに起こったものであり、それによって修道生活のすべてが問われることとなったのです。読者は読み進めるうちに、神への誠実さゆえの押田師の苦闘にいつのまにか同伴していることに気づかれるのではないでしょうか。

もし、私がキリスト教をうけいれるということが、私の中の、私にもたぶん気づかれずにいる、一つ一つのすべての懐かしいものを、素直に開花させてくれるのでないとしたら、これは何を意味するのでしょうか。（本書80頁）

「私の中の、私にもたぶん気づかれずにいる、一つ一つのすべての懐かしいものを……開花させる」、これは、すべてのものの創造主である神の被造物への愛に満ちたまなざしではないでしょうか。そして生きとし生けるものすべてを、その独自性と尊厳を尊重するあり方こそ、信仰の土壌（信仰が根をはるところ）ではないでしょうか。だからもし、キリスト教という名のもとに、その「懐かしいもの」を切り捨てたり、排除するようなことが行われるのなら（実際に歴史上、植民地主義と結びついたキリスト教として、それは行われてきました）、それは神のみ旨ではない、という声に押田師は聞き従ったのです。

何故に、かくも私を誘いたもうのか、と声をかけても答えたまわぬ御者、しかも、この多情多感なる者を、この世の絢爛から、砂漠の孤独に誘いたもうた。世の常なる修行の道ではよしとされず、絶えず、そうではない、そうではないとささやかれつづけたのである。

（本書121頁）

押田師の激しい求道の内面が吐露されています。ここに記されている内容がいつであり、どんな出来事であったのかを特定することはできません。高森草庵を始めてから、押田師に対する多くの反発、批判があったのは事実でしょう。その中でなお神の御声に従っていった押田師の孤独と労苦は、想像するにあまりあります。

押田師に囁き続けた神の御声に愚直に従い、労苦の多い歩みを続けた果てに見えてきたものこそ、「地下流の霊性」だったのではないでしょうか。こつこつと目に見えない命の水脈を掘り続け、出会ったものは、同じ地下流に生かされている兄弟姉妹たちであった、ということなのです。

僕は、キリスト教というのは、人類の他の宗教の伝承と、見ていることは同じじゃないかとおもっています。つまり、人間の自我に死んで、神さまのいのちに生かされるってことですね。

（本書88頁）

押田師は自らの思索や実践を「地下流の霊性」ということばで語ったことはありませんが、地下流とは、すべての宗教伝承に流れているこの神（仏、聖なるもの）のお命で、地下流の霊性とは、そのお命に与ることを目指す生き方のことではないでしょうか。

そのためには自我に死ななければならないのです。〝目に見える宗教伝承としては、キリスト教や仏教やイスラム教等様々なものがある。しかし、表面の違いにとどまらずにその内側を掘り進めていけば、命の水脈に必ず突き当たる。その命の水脈は同じなのだ。その地下流のゆえにお互いを尊んでゆこう〟——そのような理解に、晩年の押田師は達していたことが窺《うかが》えます。

それは頭で考えた「理念ことば」ではなく、具体的な顔が見える諸宗教の人々との出会いの中で培われてきた「コトことば」でした。各々の文化圏の中の「懐かしいもの」を切り捨てたり、排除することなくキリスト教を受容する道を、押田師は生き様として示したのでした。七〇年代～九〇年代の高森草庵には、世界中から（特に欧米から）訪問客が引きもきらずにやってきていました。押田師の求道から生み出される単純素朴な祈りの生活に、宗教や国籍や文化を超えて多くの人々がひきつけられていたからでしょう。

この章の最後が無着成恭氏との対談になっているのは象徴的です。そこでのことばは、他宗教の人々に開かれて共にこの時代の課題を担ってゆく希望を示しています。


「九 御里《みさと》への道行き」


この章には、押田師の最晩年の文章が収められています。「旅の条件」「『禅堂 押田』埋葬の背景——歴史的摂理の寸見」「ひとり ひとり 心得べきこと」「前略」の四つのエッセイは、遺言状のような響きがあります。

戦後五〇年を記念する一九九五年、「アウシュビッツからヒロシマ」への諸宗教巡礼の旅をはじめとする、実に過酷な世界中への旅を押田師は敢行しました。その翌年、心臓肥大によって倒れた押田師は、そのまま療養生活に入り、公の生活からは身を引きます。

「旅の条件」では、修道生活、霊的生活の要点が、押田師が歩んだ体験から語られています。


宗教とは深みへ旅することである。この旅の条件、つまり、この条件がなければこの旅は出来ないという条件については、古来多くの人が語った筈であるが、今、この歴史的な情況の中に立って、もう一度確認しておきたい。（本書139頁）

それは、「一、情念的、怨念的関係を去ること」「二、安定性の追求を去ること」「三、深みからのひびきを受け止める拠点をとらえつづけること」とされています。

他者の必要に応えてゆくためには、自分の心の単純さ、透明さを深める必要があるということを押田師は指摘し、同時に他者の必要に応えることは、歴史的社会的なことでもあると強調します。現在の日本の乱開発、軍事基地化などの問題には、社会運動としてそれに対応せざるえない、と。

しかし同時に、運動の中心には深みへの窓が開いていなければならない、と押田師は言います。それは二〇年以上、水源地を守るための運動を継続してきた経験があるからでしょう。押田師は、この裁判闘争をも深みへの旅の一環として担っていたのでした。

『禅堂 押田』埋葬の背景」からは、戦後五〇年記念の過密スケジュールをそれこそ命がけで駆け抜けた様子が伝わってくると同時に、ヨーロッパにおけるキリスト教の凋落においてそれでも道を求めている信仰者の苦悩が記されています。今までの伝統的なヨーロッパのキリスト教の中にとじこもっていてはだめだという危機意識と、押田師が単純素朴に生きて示した方向へ光を見出そうとする人々との出会いの顚末が描かれています。

現在ヨーロッパのキリスト者にとって、東洋的な瞑想はもはやエキゾチックなものではなく、道を求める一つの選択肢として広がっています（佐藤研「何故ヨーロッパで禅か」『禅キリスト教の誕生』岩波書店、二〇〇七年参照）。その流れと押田師の生きてきた道が強く交わっていることをこの「『禅堂 押田』埋葬の背景」からは感じとることができます。宗教の枠組みを超えた命の流れそのものに直接触れたいと願う人々の道行きが、欧米で静かにそして深く広がっているのです。

余談ですが、ドイツのミヒャエル・フォン・ブリュッケ教授（宗教学）が高森草庵を訪ねたご縁で、私はドイツ留学中ミュンヘン大学でご指導をいただく機会を得ましたし、押田師が「私たちと祈りを共にするところだ」と紹介してくれたイムスハウゼン共同体には休暇のたびにお世話になっていました。また、アメリカのマサチューセッツ大学では、ルシアン・ミラー教授が中心となって毎年のように押田師指導の黙想会が開催されていました。そのように押田師が霊的指導を続けていた世界の各所に広がる「高森家族」のことを押田師は晩年とても心にかけていました。

しかし、押田師の健康状態はそうした活動をゆるしませんでした。そのことは「今迄の押田神父は一度埋葬いたしましょう」（本書153頁）と、御里（ふるさとである天国）への道行きの覚悟が述べられていることにも窺えます。

さらに、押田師の病床でのことばは、その隠れた生活がどのようなものであったのか、その手掛かりを与えてくれます。また、各々の追悼のことばには、一人一人が出会った押田師の姿が照らし出されています。

「十　聖書とミサ説教」

押田師が用いる独特のことばに「淵《ふち》」、「底《てい》」、「洞《ほら》」があります。ここに収められた説教に、特に多用されているこれらのことばは、異なる世界と世界の境目を示すものです。水をいっぱいに湛えた淵。下へ下へと降りていって最後に突き当たる底。外界からは閉ざされ静寂に満たされた洞。それらは限りあるもの（現象界）と無限なるもの（目に見えない聖なる世界）を、常に同時に見通そうとしていた押田師の「遠いまなざし」が土台にあるからこそ出てくることばなのでしょう。

目に見えるものだけに目を奪われ、現象のところで右往左往している私たちは、この「淵」「底」「洞」ということばをとらえきれずにつまずいてしまいます。しかし、それらのことばこそ、押田師の存在感覚を表しているのでしょう（本書190頁以下、「押田師のご病歴」）。

今回押田師の説教を読み返してみて、押田師のまなざしの深さ、広さを改めて感じて、身震いするような思いに捕らえられたのでした。それは現象だけにとらわれない歴史のまだ見ぬ新しき地平へのまなざしであり、絶望の中でなお希望へと向かおうとする祈りです。

ここに収められた説教のことばの背後には、その時々の高森の共同体としての状況が反映されています。具体的なことは何も述べられていませんが、説教はその時々の状況の中で語られる「コトことば」です。そのことを、思い描きつつ読むことによって、私たちはまた多くのことを教えられるのではないでしょうか。

＊　＊　＊

二〇〇三年十一月の押田師の葬儀はどしゃぶりの雨の中、高森草庵の慰霊林にテントを張って行われました。葬儀のミサで聖体拝領が行われるとき、不思議と雨が小降りとなり、ほのかに日が射して空に虹がかかったのです。そして、聖体拝領が終わるころ、またどしゃぶりとなりました。自然界が押田師の死を悼み、しかし、同時に押田師の生涯をイエス・キリストの犠牲にならったものとして祝福していると感じられた、悲しみの中にも喜びのある不思議な葬儀の時でした。

このように生きた人がいたという事実に、この著作選集を通じて多くの人が出会っていただければ幸いです。そして気候変動やコロナ禍の先が見えない中で、押田師が示した現象にとらわれない、歴史のまだ見ぬ新しき地平へのまなざしを共に持つことができればと願います。

最後に、この押田成人著作選集は多くの方々の支えと隠れた働きによってはじめて実現しました。このために資料提供をはじめ、全面的に協力を惜しまなかった高森草庵の皆様と押田家の皆様に、この場を借りて心よりの感謝の言葉を述べさせていただきます。また、ご支援によってこの出版を支えてくださった高森草庵の関係者の皆様にも改めて感謝を捧げたいと思います。

そして押田師や高森草庵の歩みを支え、そこから生きる力を汲み出してきた無数の方々の祈りがこの出版の背後にあることを覚えて感謝を捧げます。その祈りがこの混迷の世を切り拓いてゆく力となりますように。

（いしい・ちえみ／日本基督教団教師）

出典一覧

＊（　）内が文書の出典表記となります

七　火《ひ》止《と》とコト

「『ひと』の内なる火」（『祈りの姿に無の風が吹く』地湧社、一九八五年）
「冬の花」（『地下水の思想』新潮社、一九八六年）
「梅咲いて梅の如し」（「地湧」一九八四年二月、地湧社、4―8頁）
「人生は数のために在るのか？」（『地下水の思想』）
「存在のリズム」（『地下水の思想』）
「深みに根ざすまどいを求めて」（『遠いまなざし』地湧社、一九八三年）
「歴史はかくれたもの」（『地下水の思想』）
「存在の奥底からのかかわり」（『遠いまなざし』）
「感謝します、とは言えない」（『藍の水』思草庵、一九七七年）
「流民の版画家」（『地下水の思想』）
「因縁ということ」（『地下水の思想』）
「白い鹿」（『地下水の思想』）
「土」（『地下水の思想』）
「赤道直下」（『地下水の思想』）
「まごころと事業」（『地下水の思想』）
「まごころと人生」（『地下水の思想』）

八　地下流の霊性

「宗教受納即苦悩」（『孕みと音』地湧社、一九七六年）
「霊性ということ」（「ナーム」一九八四年十二月号、水書房、52―56頁）
「霊的な本物とは？」（「ナーム」一九八五年一月号、54―57頁）
「キリストとは誰か？」（「ナーム」一九八五年二月号、54―57頁）
「心の時代から霊性の時代へ」（「ナーム」一九八八年六月号、10―16頁）
「闇の神秘」（『祈りの姿に無の風が吹く』）
「心が傷つくということ」（「向上」八八四号、一九八五年十月、修養園、22―24頁）
「かむいなる御者」（「世紀」四〇一号、一九八三年十月、エンデルレ書店、78―82頁）
「《対談》彼岸なる世界への旅（押田成人＋無着成恭）」（「ナーム」一九八九年四月号、64―73頁）

九　御里《みさと》への道行き

「旅の条件」（「草庵だより」号外、一九八九年十二月二十日、高森草庵）
「『禅堂 押田』埋葬の背景――歴史的摂理の寸見」（「草庵

だより」十三号、一九九五年十二月二十日）
「前略」（「草庵だより」十四号、一九九六年四月一日）
「ひとり　ひとり　心得べきこと」（「草庵だより」十六号［一九九七年九月二十日］、十七号［一九九七年十二月十五日］、十八号［一九九八年八月十日］、十九号［一九九八年十二月十日］、二十号［一九九九年三月二十日］）
「押田神父、晩年のことば」（「草庵だより」複数号より）
「《エッセイ》神父さまの最期から」（『押田成人神父追悼集（その一）湧るれは《あふるれば》』9—12頁）
「《詩》押田師を偲んで」（『押田成人神父追悼集（その一）湧るれは《あふるれば》』口絵頁）
「《エッセイ》野の花、空の鳥——押田神父一周忌に寄せて」（『押田成人神父追悼集（その二）湧るれは《あふるれば》』43—47頁）
「《エッセイ》押田師のご病歴」書き下ろし文書
「《エッセイ》ふるさと高森草庵」（「草庵だより」二十号、二〇〇六年十二月二十日）
「高森草庵　農業等予定（二〇二〇年）」（「草庵だより」四十三号、二〇一九年十二月十五日）

十　聖書とミサ説教

「私訳　ヨハネ福音書1章1—18節」（私家版説教集）
「説教　ルカ福音書2章1—14節（主の降誕）」（私家版説教集）
「説教　ルカ福音書9章10—17節（パンの奇跡）」（私家版説教集）
「説教　ルカ福音書11章1—13節（祈り——主禱文）」（私家版説教集）
「説教　ルカ福音書12章13—21節（愚かな富豪のたとえ）」（私家版説教集）
「説教　ルカ福音書18章1—8節（祈り——裁判官とやもめのたとえ）」（私家版説教集）
「説教　ヨハネ福音書15章8—15節a（互いに愛せよ——結婚式にて）」（私家版説教集）
「説教　聖体の祝日」（「草庵だより」三十四号、二〇一〇年十二月二十日）

その他

「押田成人　略歴」書き下ろし文書
「《寄稿エッセイ》高森草庵・押田成人という場所とひとからの伝承」書き下ろし文書
「《寄稿エッセイ》遠いまなざし」書き下ろし文書
「解題　新しい地平へのまなざし」書き下ろし文書

押田成人（おしだ・しげと）
1922年生まれ。カトリック・ドミニコ修道会司祭。旧制第一高等学校卒業後に洗礼を受け、東京大学文学部哲学科卒業の後、修道生活に入る。1963年より信州・八ヶ岳山麓に「高森草庵」を結び、農耕生活を営むかたわら、祈りと思索の日々を送る。草庵に杖をひく、国や宗教を超えた人々との対話、インドや韓国の精神的指導者たちとの協働、世界各国における霊的指導を通して、人間の宗教的生命をあらわして生かす「地下流の霊性」を編んでゆく。2003年11月6日逝去。

編者
宮本久雄（みやもと・ひさお）
1945年生。東京大学、パリ第四大学、エルサレム聖書研究所等で学ぶ。現在、東京純心大学教授、東京大学名誉教授、ドミニコ修道会司祭。神学マギステル。著書に『他者の甦り』（創文社）、『他者の風来』（日本キリスト教団出版局）ほか。

石井智恵美（いしい・ちえみ）
1960年生。同志社大学大学院、ミュンヘン大学大学院等で神学を学ぶ。日本基督教団教師、農村伝道神学校講師。共著に『現代世界における霊性と倫理』（行路社）、『牧師とは何か』『10代のキミへ』（共に、日本キリスト教団出版局）ほか。

押田成人著作選集 3
いのちの流れのひびきあい　地下流の霊性

2020年　9月25日　初版発行

発行 ………… 日本キリスト教団出版局
〒169-0051　東京都新宿区西早稲田2-3-18
電話・営業03（3204）0422、編集03（3204）0424
http://bp-uccj.jp
印刷・製本 … 精興社
ISBN 978-4-8184-1055-8　C0016
Printed in Japan